좋은 엄마 말고 나란 엄마

좋은 엄마 말고 나란 엄마

김하나 지음

천문장

아이를 사랑하는 만큼 나도 사랑하기를

"아이고 아팠겠다. 엄마가 약 발라 줄게."

놀다 넘어진 아이의 상처를 보면 가슴이 아팠다. 금세 부어오른 무릎과 빨갛게 까진 피부가 얼마나 쓰라린지 알기에 조심스레 호호 불어 가며 아이를 달랬다. 상처에 묻은 흙을 살살 털어 최대한 아이가 아프지 않게 물로 헹구고 닿을 듯 말 듯 물기를 닦아 냈다. 서랍을 뒤져 연고를 찾아 살포시 발라 준 뒤 움직일 때 불편하지 않도록 대일밴드까지 붙여 주었다.

'얼른 나아라. 아프지 마라.' 마법의 주문과 함께.

'아, 이 멍은 또 어디서 부딪혀 생긴 거야.'

내 몸의 멍과 상처는 샤워 타올로 몸 구석구석 비누칠할 때에야 알게 되었다. 어디서 어떻게 부딪쳐 생긴 것인지 알 수가 없었다. 짜증 섞인 불만의 소리가 툭 튀어나왔지만, 그저 금방 사라지겠거니 아물겠거니 내버려 두었다. 자주 부딪치고 넘어지는 꼼꼼하지 못한 덜렁한 성격이 상처의 한몫을 한다는 것도 알지만, 아이의 상처와 내 상처를 다루는 나의 태도는 분명히 달랐다.

전업주부이자 엄마로 살며 '나'를 챙기는 것이 왠지 모르게 사치로 느껴질 때가 많았다. 치마를 좋아하고, 발이 아픈 줄도 모른 채 구두를 즐겨 신던 내가 어느새 고무줄 바지와 헐렁한 티셔츠를 입고 신발장에서 가장 편한 신발을 찾아 신었다. 그렇게 세상에서 가장 편안한 차림으로 두 아이와 매일같이 놀이터에 갔다. 엄마라는 역할에 익숙해지며 아이들 챙기기에 바쁜 나날들. 아침을 먹고 나면 점심은 뭘 먹일까, 점심을 먹고 나면 저녁은 뭘 먹일까를 고민하며 하루가 정신없이 흘러갔다.

유아기에는 무엇보다 엄마와의 애착 그리고 정서적인 안정이 중요하다고 생각했다. 일하는 엄마도 아니었으니 아이들에게 시간을 내어 줄 수 있었고, 아이와 내 삶에서 충분히 가치 있는 일이라 믿어 나는 자발적으로 가정 보육을 선택했다. 그 과정에서 수백 권의 육아서를 읽으며 질문하고 길을 찾아 헤맸다. 아이를 잘 키우고 싶다는 마음 하나로 겁 없이 덤빈 껌딱지 육아의 터널에서 나는 의욕적으로 달리다 고꾸라지기도 수없이 반복했고, 여전히 좋은 엄마가 되지 못한다는 죄책감에 참 많이 허덕였다. 내 그릇이 작아 아이들을 더 잘 키우지 못하는 것 같다는 불편함이 항상 나를 힘들게 했다.

아이의 눈을 빤히 바라볼 때마다 순수함 그 자체의 눈빛에 감탄했다. 맑고 투명한 아이들은 엄마인 나의 내면을 그대로 비추어 주었다. 나는 그런 아이들을 통해 나를 알아 갔다. 아이를 키우며 시시때때로 휘몰아치는 감정 안에서 흔들리고 불안할 때마다 아이들은 길을 찾도록 도와주는 안내자가 되어 주었다. 안내를 따라가다 보니 똑똑한 영재로 자라길 바라던 욕심 많던 초보 엄마는 어느새, 자기가 하고 싶은 것을 스스로 찾을 줄 아는 아이로 자라주는 것으로 충분한 엄마가 되었다. 아이의 성적이 아닌 행복을 바라는 엄마가 되었다.

'엄마, 나를 통해 엄마의 상처를 보세요.'
'엄마, 나를 사랑하는 만큼 엄마 자신도 사랑하세요.'

무의식 안에 숨겨놓고 눌러 놓은 감정들을 하나둘 꺼내 잘 만나고 또 잘 이별해야 함을. 아이를 있는 그대로 바라보며 조건 없이 사랑해 주기 위해서는 엄마도 자신을 있는 그대로 바라보고 사랑할 수 있어야 함을. 화내지 않고 너그러운 엄마가 되기 위해서는 자기 자신에게도 너그러워져야 함을. 그 과정에서 더 좋은 엄마가 되고 싶어 애쓰던 나는 이미 좋은 엄마임에 충분하다는 것을 알게 되었다.

책 육아 9년 차, 실수투성이 날것 그대로의 육아를 통한 나의 이야기를 해 보려 한다.

끝없는 자책과 죄책감으로 힘들어하는 엄마들에게 나의 이야기가 조금이나마 위로가 되고 용기를 줄 수 있기를 바라는 마음이다. 아이를 사랑하는 만큼 자신도 사랑하며 살아가기를, 죄책감 육아에서 벗어나기를, 이미 자신이 충분히 좋은 엄마임을 알아차리기를 바라는 마음으로 이 글을 썼다.

겁쟁이 엄마의 용감한 육아

내 속엔 내가 너무 많아서

너만큼 소중한 나

육아, 그 이상과 현실

아무것도 몰라요

23살, 뜻밖의 임신 소식이었다. 임신테스트기의 빨간 줄을 확인한 뒤 느꼈던 감정은 지금도 잊을 수가 없을 만큼 놀라웠고 두려웠고 신기했고 막막했다.

어떤 이유에서였는지 22살에 만난 남자친구(남편)는 내게 결핍감을 느끼지 않게 해 주었다. 연애할 때면 행복하면서도 노심초사했었는데 이 남자는 처음으로 나에게 안정감을 주었다. 처음 느껴 보는 편안함과 안정감이었다. 그와 함께할 때면 포장되고 꾸며진 모습이 아닌 있는 그대로의 자연스러운 내 모습이 나왔다. 어린 나이였지만 이 사람과 결혼할 수도 있겠다는 느낌이 자꾸만 들었다.

내 느낌이 정말 통했던 걸까? 1년 반 정도의 연애를 하는 동안 우리 커플에게 예상하지 못한 선물이 찾아왔다.

'드라마에서나 보던 일이 실제로 내게 일어나다니……'

남편과 나는 당황했지만, 우리가 선택한 확실한 마음은 '결혼'이었다. 결론을 내린 그 날, 서로 대화를 나누며 부둥켜안고 한참을 울었다. 그렇게 얼떨결에 평생의 동반자가 결정되었다.

모든 것이 순식간에 벌어졌기에 마음 한편에서는 계속해서 내 선택에 대해 질문하고 되뇌였다.

'나 지금, 잘하고 있는 거 맞지?'

엄마는 혼자서 3살 터울의 오빠와 나를 키웠다. 내가 중학교 때 이혼을 했지만 내 기억 속에는 어릴 적부터 집에서 아빠를 본 날은 많지 않았다. 책임감 없는 아빠로 인해 엄마는 항상 힘들어했다. 어린 나의 눈에 비친 엄마의 모습은 늘 지치고 고단해 보였다. 힘든 엄마의 뒷모습을 보며 자란 내가 할 수 있는 일은 착하고 밝고 순하디순한 막내딸의 역할을 충실히 하는 것이었다.

'힘든 엄마를 나까지 힘들게 하면 안 돼.'

그런 내게 임신 소식보다 더 두려웠던 사실은 철석같이 나를 믿고 있던 엄마에게 실망감을 안겨 주는 것이었다. 배 속 아이 생각은 할 틈도 없이 어떻게 이 소식을 엄마에게 전해야 할지 전전긍긍했다. 더 이상 시간을 흘려보내면 안 되었기에 친오빠에게 먼저 고백한 뒤 도움을 요청했다. 고맙게도 오빠는 내 소식에 침착하게 대응해 주었고, 나 대신 조용히 엄마에게 내 소식을 전했다.

　예상대로 엄마는 착한 딸의 청천벽력 같은 소식을 받아들이기 힘들다는 듯 괴로워했다. 딸에게 뒤통수를 제대로 맞은 엄마는 소식을 들은 날 밤새 짐승처럼 울부짖었다. 그 울부짖음을 견디며 엄마 옆에 앉아 있던 나는 살면서 처음으로 내 선택의 책임감을 느꼈다. 그날 난 내 선택이 후회되지 않도록 보란 듯이 잘 살아 낼 거라 굳게 다짐했다.

　24살 여름, 그렇게 아무것도 모르는 철부지가 아이를 낳았다. 아무것도 몰랐기에 무작정 좋은 엄마가 되겠다고 다짐할 수 있었다. 그러나 내 다짐과는 다르게 전혀 생각지도 못했던, 너무나 당연하게만 생각했던 아이의 건강에서부터 위기가 찾아왔다.

뼈가 약한 아이

    누군가가 나에게 이번 생에서 만난 최고의 스승이 누구냐는 질문을 한다면 단 1초의 망설임도 없이 나의 큰아이라고 대답하겠다. 준비되지 않은 우리 부부에게 처음 와 준 그 순간부터 아이는 너무나 큰 결단과 책임감을 알려 주었다.

    임신 6개월 즈음 산부인과 담당 의사가 큰 병원에 가서 정밀 검진을 받아 보는 게 좋겠다고 이야기했다. 무슨 병명인지 정확히 알지 못한 채 큰 병원으로 옮겨 진료를 받았고 초음파로 보이는 배 속 아이의 다리뼈는 아무것도 모르는 내가 봐도 선명하게 휘어 있었다.

    임신 기간 내내 내 아이의 뼈가 정상이 아니라는 사실을 어떻게 받아들여야 할지 몰랐다. 그저 기도하며 정해진 날짜와 시간에 맞춰 병원을 오가며 열심히 진료를 받았다. 입덧이 심했던 터라 병원 진료를 기다리면서도 화장실을 들락날락하며 구토를 했다. 긴 기다림도 물론 힘이 들었지만 오랜 시간 초음파 검사를 하며 인턴 의사들이 내 배 속 아이 뼈를 공부하는 듯한 기분은 나를 더 힘들게 했다. 그렇게 진료와 검사를 받아 가며 수술 날짜를 잡고 중환자실을 예약한 채 출산 준비를 했다.

그냥 쉽게 말해 '뼈가 약한' 병을 가지고 태어난 아이. 태어난 직후 발목 골절이 된 아이는 중환자실로 이동되었다. 아이를 안아 보지도, 한번 바라보지도 못한 채 마취에서 깬 나는 눈물로 출산 후유증을 앓아야 했다. 어떻게든 아이에게 초유를 먹이기 위해 젖이 잘 돌 수 있도록 꾸역꾸역 밥을 먹는 일만이 내가 할 수 있는 유일한 일이었다. 하루 두 번 허락된 아이와의 면회 시간은 수술 부위 통증도 잊게 해줄 만큼 간절했기에 아물지 않은 배를 움켜쥐고 엉금엉금 걸어서 아이를 보러 갔다. 병실과 신생아 중환자실의 거리가 너무나 멀게 느껴졌다. 중환자실에 누워 있는 2.6킬로그램의 무섭도록 작은 아이 발목에는 붕대가 감겨 있었다. 새근새근 자는 아기가 부서질까 부러질까 조심스러워 쓰다듬어 보는 것조차 할 수가 없어 그저 바라보기만 했다.

너무 작고 말라 외계인 같기도, 눈을 감고 새근거리는 얼굴이 천사 같기도 했다. 이 아이가 정말 내 배 속에서 나온 아이인지 신기하고 오묘해 뚫어져라 쳐다보고 있다가도 손가락

처럼 가는 발목에 칭칭 감겨있는 붕대는 내 가슴을 찢어지게
했다.

슬픔과 두려움으로 가득한 출산의 기억들, 부러질 듯 가는
발목에 붕대를 감고 옆으로 비스듬히 누워 있던 아기를 떠올
리면 지금도 가슴이 미어진다.

퇴원하는 날, 잔인하게도 그 큰 병원에 작은 아기를 놓고 와
야 한다는 사실에 내 가슴은 다시 한번 찢겼다. 퇴원 전날 밤,
조용한 병실에서 밤새 혼자 얼마나 울었는지 모른다. 다른 산
모들이 깰까 봐 소리도 내지 못하고 이불로 얼굴을 감싼 채
꺼이꺼이 울음을 삼켰다. 보호자 침대에 누워 있던 남편이 우
는 나를 달래 주었지만 애써 괜찮은 척 강한 척하던 그의 심
정도 나와 같았으리라.

아이가 퇴원하고 집에 돌아온 날, 무사히 퇴원할 수 있음에
감사했다. 아이가 앞으로 건강하게만 커 준다면 아무것도 바
라지 않겠다고 기도하고 또 기도했던 날들의 연속이었다. 아
이의 건강을 위해 어떻게든 양질의 젖을 먹이고 싶다는 생각
뿐이었다. 아이를 위해 내가 할 수 있는 일은 그것뿐인 것 같
았다.

하늘도 무심하시지, 야속하게도 생각처럼 젖은 잘 돌지 않

았다. 나는 아이를 건강하게 낳지도 못하고 젖 하나 충분히 먹이지 못한다는 죄책감에 또다시 힘겨웠다. 매일 인터넷으로 모유수유에 관한 글들을 찾아보았다. 젖이 잘 돌게 하는 온갖 방법을 동원했다. 고봉밥을 꾸역꾸역 먹다 체하기도 했고, 시어머니가 삶아 준 족발 육수를 아무렇지 않게 꿀떡꿀떡 마셔 보기도 했다. 남들은 젖이 불어 아프고 몸살을 앓는다던데 나는 종일 젖이 불기만을 기다렸다.

나오지도 않는 젖을 남편과 시어머니, 산후도우미분까지 돌아가며 마사지를 해 주고 유축하기에 애를 썼고, 나 역시 손가락이 아픈 줄도 모르고 젖을 짜냈다. 1밀리리터라도 더 채우고 싶은 마음 하나였기에 부끄러움도 수치심도 느낄 마음의 여유 따위는 없었다.

아이는 태어난 직후부터 어린 나를 순식간에 어른으로 만들어 주었다. 혹시나 아이가 잘못되진 않을까, 평생을 이렇게 아프게 살아야 하는 것은 아닐까, 꼬리에 꼬리를 무는 두려움이 나를 더욱 단단하게 만들었다.

태어나자마자 큰 고통을 겪은 아이는 예민할 수밖에 없었다. 아주 작은 소리에도 반응하는 아이. 두 돌이 되도록 통 잠을 자지 못하고 2~3시간 간격으로 잠을 깨던 아이는 새벽 3시 즈음이면 늘 말똥말똥한 눈으로 나를 바라보았다. 아이 배를 부르게 해준 뒤 트림을 시켰다. 하품하는 아이를 안고 다시 재우려 창밖에 환하게 떠 있는 달을 보며 자장가를 불러 주었다.

"잘 자라 우리 아가, 앞뜰과 뒷동산에, 새들도 아가 양도 다들 자는데, 별님은 영창으로, 은 구슬 금 구슬을 보내는 이 한밤, 잘 자라 우리 아가."

고요한 새벽, 내 귀에 들리는 내 목소리가 왜 이렇게 슬프고 쓸쓸하게 느껴지던지, 알 수 없는 눈물이 주르륵 흘렀다. 왜 눈물이 나는지 나조차도 알 수가 없었다. 아마 문득문득 품에 안긴 작은 아이가 내게 주는 책임감이 무겁고 무서웠으리라.

그 뒤로도 세 살까지 몇 번의 골절 사고가 더 있었고, 심장이 쿵 내려앉은 날도 많았다. 온 식구가 아이 하나를 두고 어찌해야 할지 몰라 동동 발을 구르며 마음 아파하던 날들의 연속이었다.

아픈 과정들이 지나고 기적처럼 아이는 클수록 더 튼튼해졌다. 꾸준히 검진을 받고 교정 치료를 받으며 결과를 지켜보게 되었다. 기특하게도 아이는 나날이 좋은 결과로 잘 크고 있다고 말해 주었다. 그렇게 아이의 건강에 대한 염려는 서서히 작아졌다.

사람이니? 천사니?

잠들었던 아이가 눈을 뜨면 나를 보며 생글생글 웃어 준다. 뽀얀 피부에 반짝이는 눈으로 천사같이 나를 뚫어지게 바라봐 줄 때마다 생각했다.

'진짜 이 아이가 내 배에서 나온 아이가 맞는 거지?'

'어떻게 이렇게 예쁠 수 있을까?'

"눈에 넣어도 아프지 않다."라는 말이 정말 찰떡같은 비유로 느껴졌다.

'행복하다는 게 바로 이거구나. 사랑이라는 단어를 형상화한다면 바로 내 아이의 모습이겠구나. 아이가 보여 주는 환한 미소겠구나. 참 예쁘다. 정말 예쁘다. 맑은 눈동자, 뽀얀 피부, 사랑스러운 미소까지.'

티 없이 맑은 아이를 바라보며 순수함 그 자체인 아이의 투명함을 지켜 주어야겠다는 모성애가 마구 흘러넘쳤다. 그리고 아이를 정말 잘 키워보겠노라고 혼자 다짐했다. 나보다 훨씬 더 나은 사람으로.

　의욕적이던 나는 인터넷 검색을 해가며 아이 정서발달에 좋다는 건 모두 해 주려고 노력했다. 클래식을 들려주면 좋다기에 클래식도 틀어 주었고, 엄마가 수다쟁이여야 한다는 이야기에 말도 못 하는 아이에게 온종일 쫑알쫑알 수다를 떨었다. 할 이야기가 없을 땐 입에서 단내가 나도록 동요를 불러 주었다. 내가 말하고 노래를 부를 때마다 똘망똘망한 눈으로 내 입술을 빤히 쳐다봐 주는 녀석의 눈빛이 너무나도 신기하고 재미있었다.

　그렇게 아이가 조금씩 커 갔다. 말도 트이고 나름의 주장도 펼 즈음, 우리 부부에게 둘째 아이가 와 주었다. 큰아이 임신 때도 입덧은 했지만, 맘고생이 더 심했기에 참을 만했다. 10달 내내 입덧하는 사람이 있다는 이야기는 들었지만, 그게 나일 줄은 꿈에도 몰랐다. 둘째 임신 중 열 달 내내 했던 입덧을 생각하면 지금도 고개를 절레절레한다.
　제왕 절개 마취 전, 수술대 위에서도 속이 매스꺼워 의사에게 도움을 청하기도 했다.
　"선생님 저 토할 거 같아요."

아무거나 괜찮은 '척'쟁이

어릴 때부터 다른 사람에게 나를 소개할 때 엄마는 이렇게 말했다.

"우리 딸이 공부는 좀 못하지만 순하고 착해."

엄마의 말 토씨 하나 변함없이 난 '공부는 좀 못하지만 착하고 순한 사람'으로 성장했다. 착하고 순한 나는 내가 느끼는 것이 어떤 감정인지 알지 못했다. 알지 못했기에 뭘 좋아하는지 뭘 하고 싶은지 모르는 건 당연한 일이었다. 좀 더 정확히는 내 욕구가 무엇인지 알지 못했고, 알려고 하지도 않았다.

"하나야, 뭐 먹을래?"

"난 아무거나 괜찮아"

"하나야, 넌 뭐 할래?"

"난 아무거나 할게."

아무거나 해도 괜찮은 척하는 순한 나였지만, 사실 그건 내 진짜 모습이 아니었다. 내 안에는 나만 아는 내 모습이 있었다. '착하지 않은 나와 착하기 싫은 나'의 모습 말이다.

친구들은 형제자매끼리 머리채 쥐어뜯으며 소리치고 싸우기도 했다는데, 소리 지르며 화내 본 적 없는 내겐 그저 신기한 일이었다. 한편으로는 나도 화를 내며 빽빽 소리를 질러 보고 싶었고, 싫은 건 싫다고 당당히 거절해 보고 싶었다. 눈치 보지 않고 될 대로 되라는 식으로 배짱도 부려 보고 싶었다. 그러나 현실은 그런 내 모습을 상상만 할 뿐이었다.

어느 순간부터 나의 내면에서 '착해야 하는 나'와 '착하지 않은 나'가 부딪칠 때면 내가 나를 이중적이라 비난하기 바빴다. 그 바쁜 일들이 반복되고 익숙해질 즈음엔 어느덧 나는 '착하지 않은 나'를 철저히 숨기는 고수가 되어 있었다. 그렇다고 순둥이로만 살아온 것은 아니었다. 나에게도 나를 지킬 방어 가운이 필요했다.

학창 시절부터 난 소위 말해 '센 척'하는 아이였다. 속으로는 덜덜 떨고 있는 겁쟁이였지만 겉으로 티를 내지 않으려, 얕보이지 않으려 '척'을 하며 가면을 쓰고 지냈다. 알 수 없던 내 마음을 지킬 방법은 슬프게도 오직 '척'뿐이었다. 착한 척, 센 척, 밝은 척, 괜찮은 척, 모르는 척. 아무렇지 않은 척. 그렇게 어느새 '척'이 익숙한 어른이 되어 있었다.

육아, 그 이상과 현실

임신과 출산이라는 폭풍의 시간을 보내고 눈 깜짝할 사이 나의 삶은 하나부터 열까지 모든 것이 변해 있었다. 그리고 그 시간 동안 '아무거나 괜찮은 척쟁이'이던 내게 처음으로 '아무거나'가 아닌 새로운 소망과 목표가 생겼다. '좋은 엄마'가 되는 것이었다.

착한 사람 더하기 좋은 엄마

아이는 갑자기 변한 내 삶에 적응할 시간조차 주지 않았다. 아침에 눈을 떠서 눈을 감을 때까지 아이를 돌보느라 정신없이 바빴다. 수시로 기저귀를 갈아 주어야 하고 덥거나 춥지는 않은지 아이의 컨디션을 계속 체크해야 했다. 때마다 분유를 먹이고, (결국 모유 수유는 포기했다.) 졸려서 잠투정하는 아이를 어르고 달래 재워야 했다. 겨우 잠든 아이의 등 센서가 작동하지 않게 살금살금 눕혀 토닥여 주고 나면 기운이 쫙 빠졌다.

'도대체 애 키우는 게 이렇게 힘들다고 그동안 왜 아무도 얘기해 주지 않은 거지?'

아이를 키우는 게 이렇게 힘들고 고단한 일인지 꿈에도 알지 못했다. 나름 애들을 좋아하는 터라 유치원 선생님을 하면 좋겠다는 소리도 들었을 정도로 아이를 잘 다루고 잘 놀아 준다고 생각한 내게 육아는 상상하지 못한 단계의 힘듦이었다. 이렇게 힘든 일이었다는 것을 지금까지 알지 못했다는 사실이 어이가 없었다. 문득문득 내가 겪고 있는 힘들고 낯선 모든 상황이 겁이 났다. 두려움이 밀려올 때마다 그 불편한 감정을 피하려 내가 자주 사용하는 도구가 있었다.

TV로 시선 돌리기. 좋아하는 예능 프로그램 채널을 찾아 요리조리 리모컨을 눌렀다. 늘 그래왔던 것처럼 예능 프로그램을 보며 깔깔 웃고, 아무렇지 않은 '척' 괜찮은 '척' 불편한 감정들을 회피했다.

잠들지 않는 아이를 포대기에 업고는 재우려 집 밖으로 나갔다. 이리저리 왔다 갔다 움직이며 숨이 차도록 자장가를 불렀다. 이상하게 자지 않으려는 작은 아이에게 자꾸만 화가 났다. 아이의 궁둥이를 토닥이는 내 손바닥에 뜨거운 화가 느껴졌다.

'제발 좀 자라, 나도 좀 쉬자.'

고단한 하루하루가 반복되면서 좋은 엄마가 되고 싶고, 되어야 하는 나는 사소한 모든 것에 예민해져 갔다. 아이의 아주 작은 변화에도 이유를 찾으려 했고, 먹는 양과 잠자는 시간까지 수첩에 적어 가며 체크했다. 틈날 때마다 어제와 오늘의 체크 목록을 둘러보며 비교했다. 모든 것을 내 뜻대로 통제하고 싶은 마음이 들었다. 로봇도 아닌데 아이가 정해진 시간에 정해진 양의 분유를 먹고, 일정하게 잠을 잤으면 좋겠다는 마음이 들었다. 계획대로 되지 않는 변수가 있는 날이면 나의 손바닥에는 또다시 화가 가득 찼다.

'제발 좀 자라, 나도 좀 쉬자.'

여전히 내 감정이 무엇 때문에 이렇게 불편하고 사소한 모든 것에 화가 나는지 알 수 없었다. 직감적으로 무언가 잘못되어 가고 있다는 싸한 느낌이 들었다. 싸함을 느끼는 날들이 많아지면서 나는 그동안 외면해 왔던 불편한 감정들에 대해 처음으로 궁금증을 가지게 되었다.

무식하면 용감하다고 했던가?

어설펐지만 순간순간 욱하고 올라오는 감정들도 잘 누르며 두 아이 양육에 집중했다.

동생이 태어나면 큰아이의 마음이 "둘째 부인을 맞이한 조강지처의 심정"이라는 글을 어디선가 들었다. 그래서 둘째가 태어난 후 큰아이 마음이 힘들지 않도록 많은 신경을 썼다. 동생이 태어난 뒤, 큰아이가 상처받지 않도록 마음을 잘 헤아려 줄 것을 양가 어른들에게도 부탁했다. 감사하게도 남편과 양가 어른들까지 돌아가며 큰아이와 함께 시간을 보내 주었고, 고맙게도 큰아이는 동생을 미워하거나 질투하지 않았다.

당시 내 친구들은 모두 대학생이거나 사회 초년생이었다. 육아는커녕 결혼을 생각하는 친구조차 없었기에 아이 키우는 이야기를 나눌 상대는 더욱이 없었다.

'좋은 엄마'가 되겠다는 소망을 품었지만 어떠한 기준도 없이 인터넷에서 주워들은 이야기만으로 막연하게 아이를 키우고 있었던 것 같다. 그때도 이맘때쯤이면 어린이집에 보내면 된다는 주변 이야기를 듣고는, 큰아이 30개월 즈음 어린이집 입학을 신청했다.

아이를 보낼 어린이집을 선택하고 입학 전의 어느 날이었다. 그날도 여전히 인터넷에서 무언가를 열심히 검색하고 있었다.

아주 우연히 '하은맘'이라는 블로거의 글을 읽게 되었다.
'뭐지, 이 글?'
너무나 자연스럽게 그녀의 글에 이끌려 갔다. 글을 읽는 내내 뒤통수에서부터 온몸에 전율이 느껴졌다. 내가 막연하게 생각만 했던 것, 아이를 잘 키우고 싶지만 어떻게 잘 키우고 싶은 건지, 부모로서 아이에게 무엇을 해 줘야 하는 건지 알지 못했었는데, 그녀의 글들을 읽으며 나는 컴퓨터 앞에서 나도 모르게 소리 내어 말했다.
'대박!'
그날 홀린 듯 그녀의 글들을 모조리 다 읽어 내려갔고 잔뜩 흥분한 채로 남편에게 이야기해 주고는 책(『지랄발랄 하은맘의 불량육아』)을 주문했다. 그리고 그 책 속에 소개된 '푸름이 교육'과 인물 이름들, 소개된 책들까지 모조리 노트에 메모

했다.

책 속에 나온 '푸름이 교육'이라는 곳은 더욱더 신세계였다. 그곳에는 지성과 감성이 조화를 이룬 아이를 양육하고자 하는 부모들이 있었고, 그들은 아이에게 '배려 깊은 사랑'을 주기 위해 커뮤니티 안에서 정보와 감정을 나누며 육아에 애쓰고 있었다.

책을 읽은 다음 날 전화를 걸었다.

"원장님 안녕하세요. 입학하기로 했던 은호 엄마인데요. 죄송하지만 어린이집 입학 취소할게요. 아이가 조금 더 크면 보내도록 하겠습니다."

무식하면 용감하다고 했던가? 나는 바로 입학 취소를 했고, 겁 없이 두 아이를 가정 보육하기로 결심했다. 운명적으로 만난 글을 통해 직감적으로 내가 가야 할 길을 알았다. 평생 단한 번도 이렇게 단호하게 결정을 해본 적 없던 내가 스스로 내린 결단과 실행력에 나 자신도 놀랐다. 그렇게 겁 없이 달려든 6년간의 '껌딱지 육아'가 시작되었다.

'내 새끼는 내 손으로 키운다!'

출근하는 전업주부입니다

　두 아이를 양옆에 끼고 24시간 지내는 것이 당연히 매일 행복하지는 않았다. 나의 욕구를 내려놓고 아이에게 내어 주어야 한다는 것은 생각보다 힘든 일이었다. 가슴이 너무 답답해 미칠 것 같은 날들도 많았다. '내가 미쳤지' 후회하면서, 그 감정을 어찌 해결해야 할지 몰라 동동거리면서도 나는 좋은 엄마가 되기 위해 애쓰고 애썼다.

　"올해는 유치원 갈 거야?"

　"유치원 가서 친구들도 만나보고 해야지."

　"진짜 안 보낼 거야?"

　매년 3월 입학 시기가 되면 주변 사람들, 심지어 옆집 아주머니까지도 내 아이의 유치원 입학 여부에 대해 궁금해했다. 지금의 나라면 한 귀로 듣고 한 귀로 흘려들을 오지랖 넓은 사람들의 이야기가 그때에는 한마디 한마디 어찌나 예민하게 들리던지…….

아이를 잘 키우고 싶은 마음 하나뿐이었기에 잘하고 싶었다. 내가 선택했기에 책임지고 싶었고, 아이가 엄마를 원하는 유년기, 원 없이 함께 시간을 보내고 싶었다.

물과 약간의 간식거리를 챙긴 전업주부 엄마는 2인용 자전거를 밀며 놀이터로 출근을 했다. 앞좌석엔 첫째, 뒷좌석엔 둘째 그리고 그 뒤에는 자전거를 미는 내가 있다. 아무도 없는 놀이터를 점령하고 신나게 술래잡기했다.

"엄마가 술래다, 10초 뒤 출발한다. 얼른 도망가! 일, 이 삼, 사 오 육 칠 팔 구 십……."

조심할 것도 위험할 것도 없이 맘껏 뛰며 땀 흘리며 놀았다.

"엄마, 더 높이 밀어줘!"

"이번에는 빙글빙글 돌려줘! 거북이처럼 엎드려서 타 볼게."

인기가 많아 한참 줄을 서서 기다려야 하는 그네도 그 시간에는 기다리지 않고 실컷 탈 수 있었다. 눈치 보지 않고 마음껏 말이다.

뜨거운 대낮 놀이터에서 돌아오는 길, 자전거를 밀면서도 나는 쉬지 않고 아이들에게 이야기했다. 입에서 단내가 나도록 눈에 보이는 것마다 가리키며 아이들과 수다를 떨고, 동요를 불렀다. 내가 무슨 말을 해도 좋아해 주고 어떤 노래를 불러도 함께 손뼉을 쳐주는 아이들의 반응이 날 행복하게 해 주었다. 정말이지 사랑받는 벅찬 느낌이었다. 내 얼굴은 벌겋게 달아올랐고 자전거를 미는 팔은 새카맣게 타 있었다. 감지 않은 머리를 질끈 묶은, 후줄근한 티셔츠 차림의 엄마라도 이 세상에서 제일 예쁘다고 말해 주는 내 새끼들이 있어 든든했다. 그해 여름은 하얗게 불태운 내 열정만큼 내 피부도 유독 까맣게 탔던 한해였다.

비교의 늪에서 허우적허우적

"오빠가 아빠로서 한 게 대체 뭐야???"

감정이 널뛰던 어느 날, 남편과 아주 사소한 말다툼이 일었고, 그것이 시발점이 되어 쌓아두었던 감정들까지 모조리 터져 나오고 말았다. 거기까지는 하지 말아야 했던 말들이 말릴 틈도 없이 내 입 밖으로 튀어나왔다. 강인하고 이해력이 넓던 남편의 눈빛이 흔들렸다. 우리는 그날 잠든 아이들이 깰까 신경 쓸 새도 없이 언성을 높이고 서로의 마음에 생채기를 냈다.

아이들이 내게 주는 벅찬 사랑만으로 하루하루가 평온하기만 했다면 얼마나 좋았을까? 아이를 키우며 나는 알 수 없는 감정들로 기분이 오르락내리락하기 일쑤였다. 내 마음을 알아차리는 힘이 없었기에 몸도 마음도 힘든 날에는 그 화살이 남편에게 쏘아지기도 했다.

아이들과 잠자리 준비를 할 때면 남편은 출근 준비를 했다.

"안녕히 다녀오세요."

"아빠 갔다 올게. 잘 자."

일의 특성상 밤에 출근하고 새벽에 퇴근하는 남편은 아이들이 잠자리에 들 때 즈음 출근해서 우리가 모두 잠든 새벽에 퇴근했다. 그리고 아이와 내가 한창 활동하는 낮 시간에 언제나 잠을 잤다.

신경 쓸 일이 많아 하루 평균 5시간 정도밖에 못 자는 남편이지만, 낮에 잠자는 아빠의 모습을 보고 커온 아이들은 늘 아빠를 '잠만보'(포켓몬스터에 나온 크고 잠이 많은 몬스터)라고 말했다. 아이들의 순수함이 귀엽기도 하고, 오해받는 남편이 안타깝기도 했다. 아빠의 생활을 여러 번 설명해 보기도 했지만, 눈에 보이는 것만 믿는 걸 보면 애들은 애들인가 보다.

정반대의 생활패턴을 가진 남편. 일이 밤낮으로 바쁘고 가족과의 시간이 부족한 사람. 엄마로서 나는 자주 아이들과의 시간이 부족한 남편에 대해 아쉽고 서운함을 느꼈다. 육아를 전적으로 맡고 있다는 생각이 들 때는 억울함이 차오를 때도 많았다. 하필 당시 TV에서는 아빠와 아이들이 함께하는 시간을 담은 예능이 한창 인기가 많았다. TV 속 아빠와 시간을 보내는 자녀들의 모습을 보면 너무 부러웠다. 어이없게도 나는 방송임을 망각한 채 TV 속 상황과 우리 집 상황을 비교하기 시작했다. 그렇게 한번 비교가 시작되면 끝이 날 줄 몰랐다.

아이가 태어나면 부모의 삶은 송두리째 변화하기 때문에 예민해질 수밖에 없다. 아이를 낳고 나면 처음 몇 년은 초보 엄마·아빠도 적응하는 시간이 필요하다.

내 삶이 180도, 아니 360도 바뀌었듯, 남편 역시 불과 몇 년 사이에 책임져야 할 식구가 세 명이 되었으니, 가장이라는 책임감에 어깨가 무거웠을 터다. 그러나 초보 엄마·아빠가 서로의 입장을 이해하기까지는 꽤 오랜 시간이 걸렸다. 잘하고 싶었기에, 서툰 과정들이 힘겹게만 느껴졌다.

"다른 사람의 빛과 나의 어두움을 비교하지 마세요."

강연장에서 강사가 말한 한 문장이 깊게 가슴을 파고들었다. 비교의 늪에서 허우적대며, 내가 가진 것은 보지 못하고 TV 속 잘 포장된 모습과 비교하며 힘들어했던 것은 아닌지……. 보통의 비교하는 마음은 타인의 빛과 나의 그림자다. 내 아이들이 아빠를 잠만보라고 말했듯이, 눈에 보이는 것만 보고 또 믿고 나의 그림자와 비교를 한다. 비교하는 마음으로 시기 질투가 범벅되어 있을 때 우리는 자신이 가진 빛을 보지 못한다.

12년이라는 긴 시간 동안 학교에서 끊임없이 경쟁하는 교육을 받으며 비교가 익숙해졌기 때문일까? 긴 시간, 내 안에

습관화되어 버린 '비교'라는 녀석을 한순간에 떨쳐내기란 쉽지 않았다.

비교는 늘 나를 열등하게 만들었다. 내가 가진 것을 보지 못하게 했고, 갖지 못한 것만을 좇으며 지금 내 모습을 초라하게 만들었다. 비교의 늪에서 허우적거릴 때마다 나는 다이어리를 펼쳤다. 우리 뇌는 자주 망각하기 때문에 의식적으로 자꾸만 기억해 내고 또 알려 주어야 한다. 답답한 마음을 끄적거려 보기도 하고, 이미 내가 가진 것이 얼마나 많은지를 의식적으로 상기시키기 위해 글을 썼다. 단순해 보이지만 나에게는 꽤 효과적인 작업이었다.

아빠의 빈자리가 상처가 된 나의 어린 시절. 어려서부터 아빠와 함께한 시간이 없었기에 그만큼 아빠에 대한 애착도 없었다. 그러기에 더욱 내 아이들에게는 아빠 사랑을 충분히 느끼게 해 주고 싶었다. 결국 나의 결핍과 열등감에서 온 감정이 비교의 늪에까지 이르게 했고 나를 더 힘들게 하고 있었다. 그날도 어김없이 지금 내가 느끼는 감정들을 일기장에 아무렇게나 써 내려가고 있었다. 쓰다 보면 차분히 마음이 가라앉았다.

윤홍균 작가님의 『자존감 수업』에는 열등감에 대해 이렇게 쓰여 있다.

"열등감도 하나의 감정이기에 무조건 나쁘다고 보진 않는
다. 자신에게 부족한 부분을 인정하고, 보완하려고 노력한다면
좋은 에너지로 작용할 수도 있기 때문이다."

그때 나는 다짐했다. 나의 열등감을 인정해 보기로. 바쁜 남
편의 빈자리만 탓하는 것이 아닌, 귀한 이 시간을 아이와 똘똘
뭉쳐 진한 엑기스 같은 시간을 보내 보겠노라고 말이다. 그렇
게 나는 어린이집 입학 취소 전화 이후, 두 번째 결단을 했다.
'까짓것 한번 해 보지 뭐.'

개콘 다중이가 나였다니

뺌뺌뺌~ 뺌~ 뺌~ 뺌뺌뺌~

주말이 끝났음을 알리는 시그널 클로징 음악. 학창 시절 일요일 9시가 되면 가족들이 텔레비전 앞에 모여 깔깔거리며 개그콘서트를 봤다. 당시 학교에 가면 친구들과 개콘(개그콘서트를 줄여 부르는 말)에 나오는 유행어를 입에 달고 깔깔대며 대화를 나누었다.

개그콘서트의 하이라이트라고 할 수 있는 다양한 캐릭터들이 한데 모여 등장하는 '봉숭아 학당'이라는 코너의 '다중이' 캐릭터가 기억난다. 귀여운 어린아이 분장을 하고 나온 개그맨 박성호가 아이처럼 해맑게 이야기하다가 돌연 음흉한 어른으로 변해 웃음 포인트를 만들어 내는 캐릭터다. 까마득히 잊고 지내던 다중이 캐릭터가 아이들을 키우며 떠올랐다.

아이를 키우며 다른 엄마들의 블로그를 구경하는 것이 나의 취미였다. 알람 설정까지 해 놓고 글을 읽을 정도로 그들은 어떻게 육아를 하는지 일거수일투족이 궁금했다.

1. 예쁘게 잘 차려입은 아이들의 모습

(우리 집 애들은 왜 내가 골라주는 옷이면 다 싫다고 거부하
   는지.)

2. 엄마표 커리큘럼대로 딱딱 맞추어 놀이 수업을 진행하는 모습

(우리 집 애들은 왜 늘 내 계획대로 따라주지 않는지.)

3. 가족들이 함께 여유롭게 여행 다니는 모습

(난 왜 애들 데리고 친정집 다녀오는 것도 이렇게 힘이 든
   건지.)

다들 슈퍼우먼처럼 잘하는 일들을 나만 바보같이 못하고 있는 것 같았다. 내 눈에 그들은 모두 평온하고 우아하게 육아를 즐기는 것처럼 보였다.

엄마표 놀이 육아를 자주 하던 시기. 유연성이라고는 찾아볼 수 없던 초보 엄마인 나는 꼭 A부터 Z까지 미션 수행을 해야 놀이 육아에 성공한다고 생각했다. 곧이곧대로 따라 하며 '미션 완료!'를 외치고 싶었던 나는 순간순간 욱하고 성질이 났다. 기분 좋게 시작한 놀이는 매번 성질을 내며 끝이 났다.

책을 읽어 보면 아이를 대하는 엄마의 일관성이 중요하다

고 하나같이 말한다. '일관성'이라는 단어는 늘 내게 풀리지 않는 숙제처럼 다가와 괴롭혔다. 일관성이라고는 찾아볼 수 없는 나란 여자. 어떤 날은 배려 깊고 너른 들판 같은 엄마였다가 어떤 날은 차갑게 식은 마음으로 돌변하는 다중인격자가 되었다. 깔깔거리며 재미있다고 보았던 다중이 캐릭터가 바로 나였다. 당시 나는 나에게 성격장애가 있는 것은 아닌지 진지하게 고민했다. 남편에게도 여러 번 진지하게 물었었다.

"나 정신과 상담받아 볼까?"

잘하고 싶었던 나는 잘하지 못하는 나를 이해하기 힘들었다. 뜻대로 되지 않는 감정들도, 순간순간 통제가 안 되는 감정들도 모두 나를 힘들게 했다. 내가 진짜 이상한 사람 같았다.

빛나고 유능한 내 아이들을 보며 '나 같은 다중이 엄마가 아닌, 다른 엄마를 만났더라면 더 훌륭하게 성장할 텐데.' 하는 마음이 나를 힘들게 했다. 아이의 삶이 나로 인해 불행해질 것 같았다.

엄마라는 이름은 때때로 무겁고 고단했다. 제 앞가림도 힘든 어설픈 20대 중반의 여자가 두 아이의 엄마라는 사실을 뼛속까지 느낄 때면 소름 끼치게 두려웠다. 그렇게 나는 열심히 했지만 사실 불안하고 두려움으로 가득 찬 육아를 했다. 더 잘해내야 한다는 생각에 늘 경직되어 있었다. 그렇게 경직되어 유연함을 잃은 다중이 엄마는 감정을 통제하지 못하는 날들을 자주 보냈다.

작디작은 손바닥으로 내 집게손가락 하나를 움켜잡고 쫑알대던 아이의 손 크기가 이제 제법 내 손바닥 크기와 비슷해졌다. 이제는 엄마 손을 잡고 길을 걷지 않아도 될 만큼 성장했다.

"인생은 멀리서 보면 희극, 가까이에서 보면 비극이다." 찰리 채플린이 남긴 유명한 말이다. 시간이 지난 후 깨닫게 되었다. 행복하고 평온해 보이는 다른 이들의 삶도 내 눈에 보이는 것이 전부가 아니었다는 것을.

'매일매일 아이들을 통해 내 감정을 만나고 알아차리며 저는 평온해졌고, 성장했어요.'라고 엔딩을 맺고 싶지만 나라는 엄마는 여전히 아이들에게 화도 내고 잔소리도 하는 엄마다. 하지만 여전히 아이들과 함께 성장하고 싶은 엄마이기도 하다. 그리고 이제는 안다.

엄마라면 누구나 느낄 수 있는 그 감정들, 어떤 날은 평온하기도 하고 어떤 날은 오르락내리락하기도 하는 것이 자연스럽다는 것을 알았다. 겪어야 하는 과정이었기에 비교하며 누구처럼 해 주지 못함을 자책하지 않는다. 나는 이제 경직되어 있지 않기로 했다.

오늘 하루 다중이 같은 엄마가 되었다면, 오늘 내가 무엇 때문에 감정이 힘들었는지 내 안을 들여다보자. 그리고 그럴 수밖에 없던 나를 이해하자.

'그래서 그랬구나.'

'나 오늘 힘들었구나.'

'그럴 수 있어.'

내가 나를 이해해야 비교와 자책의 시간에서 나를 지킬 수 있다.

[6. 25. 화]

아이들에게 화내는 내가 싫다. 왜 이렇게 다 짜증이 나고 화가 나는 걸까. 답답하다. 근본 해결이 안 되고 화내고 사과하고를 반복하는 내가 싫고, 힘이 든다. 어디서부터 다시 마음을 잡아야 하는 거지. 미치겠다. 너무 어렵다.

[6. 26. 수]

늘 부족하고 미안하고 죄스러운 마음 대체 언제까지. 이게 정답이 맞는 건지. 내가 내 아이들 망치고 있는 건 아닌 건지. 두렵고 괴롭다. 제발 잘하고 있다고, 내 선택이 맞았다고 해 줘.

[12. 13. 일]

오늘은 우울하고 답답함이 가득한 날. 만사가 불만투성이다. 힘든 하루. 너는 가치 있는 사람이라고, 네 인생은 헛된 것이 아니라고, 자신을 애써 다독여 본다.

[12. 15. 화]
하루뿐이지만 아이들과의 외출은 너무 고단하다. 결과적으로 힘이 들고 짜증이 난다.

[12. 27. 일]
요즘은 아이들이 참 잘 지낸다. 내 마음이 평온하니 아이들도 평온하고 가정도 평온하다. 어제는 남편이 애를 써줘서 고맙다. 아이들이 크니 잘 놀아 준다.

화장대 서랍을 정리하다가 우연히 2015년도의 일기장을 펼쳐보았다. 펼친 일기장에는 하루하루가 구체적으로 기록되어 있었다. 그 기록들을 읽어 내려가다 떠올랐다. 생각났다. 아이들이 잠들고 나면 일기장에 글을 썼던 일. 그곳에 나의 감정들을 털어놓았던 일.

2015년은 5살 큰아이, 3살 둘째 아이를 가정 보육하면서 내 인생 최대의 감정격동이 일었던 해로 기억된다. 절정으로 치닫던 감정의 롤러코스터를 타고 반복적으로 감정 앞에 꼬꾸라질 때마다 일기장 속의 나는 스스로 자책하고 있었다. 잘하고 싶었지만 잘되지 않았고, 의욕만 넘치던 초보 엄마의 좌절된 나날들.

분명 잘해 보려는 마음에서였다. 잘할 수 있을 것 같았다. 두 아이를 내 손으로 키우겠다는 굳은 선포를 하고는 주변의 걱정 어린 시선에도 나는 비장하게 두 팔을 걷었다.

첫째, 전업주부였기에 아이들과 함께할 수 있는 시간적 여유가 있었다.

둘째, 다양한 것들을 아이들에게 줄 수 있겠다는 자신감이 있었다.

젊은이의 패기랄까, 분명 시작은 그랬다. 그렇게 겁 없이 덤빈 한창 손이 많이 갈 녀석들의 가정 보육은 내가 그렸던 이상과는 거리가 멀어도 한참 멀었다.

스스로에 대한 기대가 너무 컸는지 나는 자주 기대 이하인 나에게 실망감을 느끼곤 했다. 어린아이들의 말과 행동에 하루에도 수십 번 감정이 요동치는 나 자신을 용납할 수가 없었다. 일기장 속 일 년을 쭉 훑어보는데 평온한 날은 감사가 충만했고, 조금이라도 감정이 흔들린 날에는 자책하고 괴로워했다. 청소를 멈추고 한 장 한 장 일기를 읽어 내려가는데 그때의 나에게 연민의 마음이 일었다.

2년 뒤 나는 마음이 맞는 친구를 사귀었다. 집도 가까웠고 대화가 잘 통하는 언니였다. 우리는 자주 대화를 나누었고, 나는 언니에게 내 이야기를 하는 게 즐거웠다. 당시 언니네 아이는 우리 집 아이들보다 어렸고, 여느 엄마들처럼 우리는 만나면 육아 이야기를 하느라 시간 가는 줄 몰랐다. 언니는 자주 나에게 아이를 키우며 힘든 부분에 대해 털어놓았다. 언니의 이야기를 들을 때마다 나는 2015년의 내가 떠올랐다.

　"언니, 지금 힘든 게 너무나 당연해요. 애 키우는 게 안 힘들면 그게 이상하지. 지금 너무 잘하고 있어, 애쓰고 있어, 자책하지 마요."

　내가 듣고 싶던 그 말을 누군가에게 해 줄 수 있다는 것은 내게도 큰 감동을 주었다. 어쩌면 내가 지금 이 글을 쓰는 이유도, 나처럼 좋은 엄마가 되려고 애쓰는 엄마들에게 내가 듣고 싶던 그 위로의 말을 해 주고 싶다는 오지랖에서일지도 모르겠다. 아이를 키우며 스스로 감정의 한계에 부딪혀 지쳐있는 엄마들의 손을 잡고 이야기해 주고 싶었다.

　'힘든 것이 너무 당연하지요. 엄마가 처음인 내가 수시로 엄마의 감정을 비춰 주는 아이들을 키우며 힘들지 않을 수가 없지요. 힘들다는 것은 이미 애쓰고 노력하고 있다는 증거예요. 지금도 이미 충분히 잘하고 있어요.'

우리는 왜 열심히 하지만 늘 부족하다고 생각하는 걸까. 슬럼프가 온다는 것은 그동안 최선을 다했다는 증거라고 한다. 나는 육아도 마찬가지라고 생각한다. 오늘도 죄책감에 괴로운 엄마들에게 최선을 다하고 있으니 괜찮다고 말해 주고 싶다.

아이들만큼이나 다독임과 위로가 필요한 거울 속 내 모습을 자주 들여다보았으면 좋겠다. 아이들에게 잘하고 싶은 그 마음의 반만이라도 뚝 떼어 나 자신도 돌봐 주자. 많은 엄마들이 자책이 아닌 오늘도 수고했다고 자신을 다독이고 칭찬하는 일기로 마무리하는 하루가 되었으면 좋겠다.

겁쟁이 엄마의 용감한 육아

책 육아에도 단·무·지

50대 유튜버 단희쌤이 쓴 『마흔의 돈 공부』 책을 보면서, 저자의 성공 스토리가 흥미로웠다. 30대인 젊은 나도 블로그 글쓰기와 유튜브 채널 개설에 많은 고민과 용기를 내어 시작할 수 있었는데, 50대에 시작한 단희쌤의 마케팅 성공 이야기와 그 실행력에 감탄하지 않을 수 없었다. 책에 소개된 저자의 성공법칙 중 마음에 새겨진 법칙이 있었다. 단무지 법칙. 내가 알고 있는 '단순, 무식, 지랄'의 줄임말과는 조금 달랐다.

'단순하고 무식하게 지속적으로.'

내가 실천했던 책 육아 역시 단순했고 무식했지만 지속적이었다. 아이들과 책의 관계가 좋아질 수 있게 의욕적으로 다양한 시도를 해 보았다. 특히 첫째보다 책과 거리가 먼 둘째 아이에게 어떻게 하면 좀 더 책과 친해지게 할 수 있을까 생각하다가 이런저런 다양한 방법들을 시도해 보았다. 결론적으로 통하는 방법은 단순하고 무식한 방법이라는 것을 깨달왔다. 그냥 아이가 원할 때 내가 하던 일을 잠시 멈추고 아이의 독서 욕구를 채워주는 것, 아이가 원하는 만큼 읽어 주는 것, 그렇게 지속적으로 매일 읽어 주는 것, 바로 무식한 단무지 법칙이 책 육아에도 먹혀든다는 것이다.

뭐든 시작하기 전, 준비를 많이 하고 계획적으로 움직이길 원하는 사람이 나였다. 아이 용품 하나 살 때도 모든 상품을 비교했고, 가격 대비 더 나은 제품을 찾고 또 찾았다. 나만의 콘텐츠를 찾을 때도 머리가 아플 정도로 고민하고 또 고민했다. 나처럼 이렇게 시작이 어려운 사람이 있을까. 내가 할 수 있는 게 무엇이 있을까. 이것을 한다면 나중에는 어떻게 될까. 무엇이 더 나에게 좋은 방향일까. 온갖 고민을 죄다 끌고 왔다.

사실 고민 뒤에 숨어 있는 나의 무의식은 행동하는 것을 두려워하는 마음이었다. 실패할까 봐 쪽팔릴까 봐 겁도 났다. 그래서 시작하지 못하고 망설이기만 했다. 그렇게 긴 고민 끝에 되돌아보니 내가 '탁!'하고 글을 쓰기 시작한 순간, 내가 '탁!' 하고 유튜브 채널을 개설한 순간들은 정말 허무하리만큼 단순했다. 그냥 지금 내가 할 수 있는 것을 하는 것, 내가 할 수 있는 말을 하는 것, 가장 나은 것을 선택하는 것, 일단 시작해 보는 것, 그게 전부였다.

겁쟁이 엄마의 용감한 육아

아이를 키우는 데에도 심플한 엄마의 마인드가 중요하다고 생각한다. 많은 고민으로 인한 선택 장애로 시간만 흘려보내고 있는 건 아닌지 생각해 보자.

어떻게 해야 아이가 책과 가까워지는지, 어떤 책이 아이에게 좋은 책인지 고민만 하지 말고 그냥 눈에 띄는 책을 빌려와 읽어 주자. 아이가 좋아하는 책이 있다면 그것을 읽어 주면 되고, 아이가 좋아하지 않는다면 또 다른 책을 시도하면 된다.

단무지 육아에는 '우리 아이는 책을 안 좋아해서' '시간이 없어서'라는 변명은 먹히지 않는다. 단순하지만 무식하게 그러나, 지속적으로 내 아이의 관심사를 관찰하며 책 읽을 환경을 만들어 주면 된다. 골라온 책에 아이가 관심을 보이지 않는다고 해도 깔끔하게 돌아서는 것이 포인트다.

단순해야 지치지 않는다. 단순해야 아이에게 서운해하거나 화가 나지 않는다. 읽으면 땡큐고 안 읽으면 그만이고, 엄마의 태도가 쿨하면 아이들도 부담스러워하지 않는다.

지나고 보니 고민을 해결하는 방법은 행동하는 것뿐이었다. 이것저것 다양한 시도를 해 보며 나와 내 아이에게 맞는 방법을 찾는 것과 완벽한 방법을 한 번에 탁! 찾으려 하는 욕심을 내려놓는 것이 핵심이었다. 마라톤 선수가 초반부터 전력 질주를 하지 않듯이, 지속해서 페이스를 유지하려면 힘을 빼야 한다. 마라톤과 같이 육아도 가늘지만 길게 갈 수 있는 끈기가 필요하다. 길다면 길고 짧다면 짧은 10년의 육아 인생에서 얻은 것이다. 힘을 잔뜩 쥐고 전력 질주해 본 뒤 얻은 깨달음이기도 하다.

10년 동안 매일 아이들과 잠자리 독서를 했다. 친정집에 놀러 가든, 여행을 가든 잠자리 독서 책을 꼭 챙겨갔다. 큰아이는 이제 "엄마, 나는 책을 안 읽으면 잠이 안 와~"라고 이야기한다. 그만큼 잠자리 독서는 이제 우리 집의 자연스러운 문화이고, 아이들과의 대화 시간이며, 잠들기 전 우리들만의 소중한 의식이다. 아이들이 원할 때까지 지금처럼 의욕은 갖되 욕심은 부리지 않으며 심플한 육아를 하고 싶다.

오늘도 단순하고, 무식하게, 지속적으로 간다. 쭈욱!

독박과 독점의 한 끗 차이

섬세한 아이들은 엄마의 마음을 귀신같이 읽었다.

"엄마, 힘들어?"

"아니, 엄마 하나도 안 힘들어."

표정은 죽상을 하고 있으면서 안 힘들다는 대답으로 아이들에게 혼란을 주었다. 조용히 방바닥을 닦고 있는 나에게 아이들이 또 물었다.

"엄마, 우리 때문에 힘들지?"

둘째 아이의 질문에 정신이 번쩍 들었다. 어느 순간부터 아이들이 나에게 힘드냐는 질문을 자주 하며 내 마음을 살피고 있다는 걸 알아차렸다.

어딘가에서 '독박육아가 아닌 독점육아'를 한다는 글을 읽었다. 독점육아라는 단어는 처음 들었지만, 듣자마자 신선한 충격으로 다가왔다. 묻고 따지지 않아도 그 의미가 무엇인지 가슴으로 느껴졌다.

저녁에 출근해 새벽에 퇴근하는 남편. 생활 리듬이 우리와는 완전히 다른 그와 시간을 함께하기란 참 어려운 일이었다. '독박'이 주는 단어는 왜인지 자꾸 나를 억울하게 했다. 가뜩이나 힘들고 어려운 육아 세계에서 나를 더 초라하게 만들었고 자꾸만 피해자가 된 듯한 기분을 느끼게 했다.

그러나 계속 그렇게 상황을 탓하며 억울함으로 가득 찬 엄마가 되고 싶진 않았다. 내 아이들에게 힘들어하는 엄마의 뒷모습을 보여 주는 건 더더욱 싫었다. 행복한 엄마가 되기 위해 행복한 선택을 해야 했다.

세상을 바라보는 자신의 관점을 바꾸면 놀랍게 모든 것이 달라진다. "피할 수 없다면 즐겨라."라는 말이 있듯이 독점육아라는 단어를 만난 순간 나도 관점을 바꿔 보기로 했다. 독박육아를 피할 수 없는 상황이라면, 독점육아로 즐겨보는 건 어떨까?

내 삶의 방향키는 내가 쥐고 있다. 그렇기에 우회전을 할지 좌회전을 할지의 선택은 내가 해야 했다. 내 감정을 살피는 아이들을 알아차린 뒤 나는 독박육아에서 독점육아로 운전대를 틀었다. 아이와 보내는 '오늘'이라는 다시 오지 않을 시간, 불평불만을 멈추고 행복한 시간으로 채워 보기로 다짐했다. 물론 매 순간 행복으로 가득 찰 수 없다는 게 현실이지만, 그런 데도 나의 단순한 관점 변화는 내가 그동안 보지 못했던 것들을 바라보게 해 주었다.

내게 주어진 환경에 대한 마음의 방향을 틀고 나자, 내가 누리고 있는 것이 보였다. 아이들이 주는 조건 없는 사랑, 우리만의 진한 추억거리, 나의 선택에 대한 믿음까지 나는 그렇게 육아를 하며 누릴 수 있는 축복을 독점했다.

부족하다고만 여겼던 남편의 쉬는 날 역시, 우리 네 식구가 함께하는 그 순간 자체에 감사함이 밀려왔다. 독박 외벌이를 하며 가장의 무게를 지고 있는 남편. 아이들과 놀러 가기로 한 날이면 잠 한숨 자지 못하고 함께하는 것도, 자기 시간 없이 쉬는 시간을 가족에게 온전히 주는 것까지 그도 나와 같이 맡은 자리에서 애쓰고 있는 것이 보였다. 나만 힘들고 나만 외롭다 생각할 땐 보이지 않던 것들이었다.

독박육아와 독점육아는 한 끗 차이다. 독박육아라며 불평불만을 늘어놓을 것인지, 독점육아하며 육아의 축복을 누릴 것인지 그 선택은 오롯이 나에게 달려 있다. 오늘까지 빼도 박도 못하는 독박육아를 했다면 내일부터는 제대로 독점육아를 해보는 건 어떨까? 육아가 주는 특별함을 마음껏 독점해 보자. 관점의 변화가 더 넓게 바라볼 수 있는 시야를 선물해 줄 것이다.

존재 자체로 사랑해

　임신을 위해 건강한 몸을 준비하고, 출산을 위해 마음을 평온하게 하는 태교도 하는 준비된 엄마들이 부러웠다.

　고백하건대 23살, 갑자기 우리에게 찾아온 큰아이는 '존재 자체로 환영'을 받지 못했다.

　어리고 무지했던 나는, 그 귀한 임신기간 열 달 내내 방황했다. '도대체 나에게 무슨 일이 생긴 걸까?' 혼란스러운 마음뿐이었다. 끝나지 않는 입덧과 씨름하며 내 몸 하나 건사하기도 힘들어 아이를 챙기지 못했다. 아침에 눈을 뜨면 시작되는 매스꺼움을 가라앉히려 배고프지 않아도 먹고 싶은 메뉴를 떠올렸다. 먹고 싶은 음식을 남편과 같이 맛있게 먹고 나면 또다시 변기를 붙잡고 먹은 것을 다 뱉어 냈다. 심한 입덧은 혼란스러운 나를 더 당황스럽게 했다. 안 그래도 임신기간에는 호르몬 영향으로 감정이 불안정한데, 몸도 마음도 준비 없이 적응해야 했기에 나는 문득문득 불안하고 또 불안했다. 나와 함께 이 모든 감정을 느꼈을 배 속의 작은 아이는 얼마나 더 불안했을까?

태어나자마자 오랜 시간 엄마와 떨어지는 걸 불안해했던 아이. 여리고 섬세하지만 단단한 아이이다. 큰아이가 일곱 살쯤 되자 아이와 제법 대화다운 대화를 나눌 수 있었고, 아이와 감정 이야기 나누는 걸 좋아하는 나는 그 날 밤도 아이와 두런두런 이야기를 나누다 문득 고백하고 싶은 마음이 들었다.

"은호야, 엄마가 해 줄 이야기가 있는데, 들어 줄래? 엄마 아빠가 너무 사랑해서 은호가 엄마 배 속에 와 준 날, 사실 엄마가 예상하지 못해서 너무 당황하고 놀랐었어. 그래서 임신 기간 내내 많은 것들이 변한 엄마의 마음을 추스르느라 배 속에 있던 너를 많이 돌봐 주지 못했어. 너를 진심으로 환영해 주지 못했어. 엄마가 정말 미안해, 네가 태어난 날도 네가 아프다는 소식에 널 많이 안아 줄 수조차 없었어. 그때의 작은 너를 생각하면 엄마는 아직도 마음이 아파. 엄마가 그땐 몰랐지만, 지금 알게 된 것이 있어. 너에게 꼭 해 주고 싶은 말이 있어. 잘 들어. 아가야, 이 세상에 온 걸 환영해. 너를 존재 자체로 사랑해, 존재 자체로 축복해, 존재 자체로 감사해, 많은 사람 중 엄마를 선택해 주어서 고마워."

아이는 똘망똘망한 눈빛으로 내 이야기를 아주 신중히 경청해 주었고 이야기가 끝나자 미소를 지으며 내 품에 어린아이처럼 한참 안겨 있었다. 아이의 미소와 따뜻한 체온이 도리어 내 마음을 위로해 주었다.

그 뒤로도 나는 내 아이들에게 "존재 자체로 사랑해"라고 자주 그리고 많이 표현해 주었다. 자주 표현해 줌으로써 아이의 존재를 축복해 주지 못했던 미안함을 애써 흘려보냈다. 솔직한 나의 고백이 아이 마음에 닿았기를 바라며, 죄책감이 아닌 사랑을 선택했다.

웨인 다이어의 저서 『모든 아이는 무한계 인간이다』에는 이런 구절이 있다.

"인간의 가치는 스스로 증명해야 할 성질의 것이 아니다. 인간은 존재하는 그 자체에 가치가 있으며 생명이 있는 모든 것은 존귀한 법이다. 자기 평가, 즉 자존감은 한 인간으로서 자신을 어떻게 보고 있는가를 나타내는 말이다. 아이의 자기 평가는 주위 사람들이 그 아이를 얼마나 소중하게 생각하고 있느냐에 기초한다. 따라서 부모가 아이를 사랑스럽고 소중한 존재로 여기면, 아이도 자신을 가치 있게 생각한다."

친정엄마랑 이야기를 나누다 엄마가 나에게 해 준 이야기가 기억났다.

"하나야, 너를 임신했을 때 엄마가 너무너무 힘들 때였어. 그땐 매일같이 눈뜨면 병원에 가서 너를 지울까 생각하기도 했어."

환영받지 못한 엄마 배 속의 작디작은 나 역시 엄마의 감정을 느끼며 얼마나 불안했을까. 젊은 날의 내 엄마 역시 얼마나 불안했을까.

엄마 이야기의 결말은 결국, 그렇게 태어난 내가 결혼도 하고 아이도 잘 키우며 잘 살아 주어 고맙다는 이야기였다.

잘 먹고 잘 살고 있는 나 역시 존재 자체로 축복이다. 지금 이 순간 살아 숨 쉬고 있음이 기적이다. 내 아이에게 해 준 것처럼, 나에게도 축복해 주고 싶다.

'이 세상에 잘 왔어. 너를 존재 자체로 축복해. 그리고 사랑해.'

포기 아닌 선택입니다

유년기 아이들은 엄마가 주는 환경을 물기를 빨아들이는 스펀지처럼 쑥쑥 흡수한다.

놀이로 학습에 접근해도 아이들은 학습이 목적인 엄마의 의도를 눈치채지 못하고 함께 즐겼고 동참해 주었다. 내가 주는 환경을 쏙쏙 흡수하는 아이가 신기했다. '쿵' 하면 '짝' 하고 받아쳐 주는 아이와 나의 티키타카도 정말이지 재미있었다.

아이들이 성장할수록 점점 자기들만의 주장이 생긴다. 6~7세쯤 되면 아이들은 자신들의 의사를 좀 더 명확히 표현하기 시작한다. 엄마가 주는 것을 싫다고 표현하는 것은 기본이며, 엄마의 숨은 의도까지 아이에게 들킬 때가 많다.

나는 아이와 그림책 읽는 시간을 너무 사랑했지만, 영어 그림책을 읽어 주는 시간은 재미가 없었다. 영어 울렁증 엄마에게 영어 그림책 읽는 시간은 밀린 숙제를 억지로 해야 하는 시간처럼 느껴졌다. 그랬기에 내가 열심히 읽는 책에 아이가 집중해 주지 않으면 서운함도 느꼈다.

"난 영어책 재미없어, 한글책이 좋아."

큰아이가 6세까지 매일매일 읽어 주던 영어책을 어느 날부터 싫은 티 팍팍 내며 거부하기 시작했다. 그때 놓았어야 했다. 천천히 시간을 갖고 아이의 의견을 존중했어야 했다. 괜한 오기가 생겨 싫다는 애한테 꾸역꾸역 영어책을 들이밀었다. 나는 계속 아이가 영어책을 읽어 주기 바랐지만, 우리의 티키타카는 없었다.

아이가 초등학교 1학년이 되었을 때, 아이를 향한 내 안의 큰 욕심을 마주하게 되었다. 아이가 학습적으로도 잘해 주길 바랐고, 친구들과 선생님과의 관계도 잘하는, 누가 봐도 보기 좋은 '엄친아'가 되어 있길 바랐다. 지금 생각해 보면 어처구니가 없지만, 인정한다. 나 이렇게 애 잘 키운 엄마라고 인정받고 싶었음을.

욕심으로 아이를 통제하려 하니 자꾸만 잔소리하는 엄마가 되었다. 머리에서는 그만 멈추라고 말하는데 아이에게 쏘아대는 입이 말을 듣지 않았다.

"알림장 체크했어?"

"숙제 다 하고 하는 거야?"

"다 끝났으면 정리해야지, 방이 이게 뭐야!"

자부했던 아이와의 관계에 점점 금이 갔고, 섬세한 아이는 내 앞에서 자꾸만 경직되어 갔다. 그때까지 나는 내 아이에 대한 자부심에 취해 오직 영어를 어떻게 더 잘할 수 있게 해 줄까를 고민했다. 아이의 뒷걸음질도 눈치채지 못한 채, 아이에게 영어 집중 듣기를 시도했다. 이것이 결정적으로 아이가 영어로부터 절교를 선언하게끔 했다.

"난 영어 못해, 싫어해."

아이는 대놓고 나에게 거부감을 표현했다. 영어책을 들이밀면 깊은 한숨부터 내쉬었다. 어느 날 아이의 한숨 소리가 귓가에 깊게 박혔다.

'나 지금 뭐 하고 있는 거지?'

공든 탑이 와르르 무너지듯 지금껏 쌓아 온 아이와의 관계가 와르르 무너지는 듯한 느낌을 받았다. 초등학교에 입학해도 '흔들림 없이 나의 길을 가겠노라'고 다짐했던 나만의 소신 육아를 지켜 낼 거라는 예상은 완전히 빗나갔다. 나는 이미 아이의 보이는 모습이 마치 엄마 성적표인 양 안절부절못하고 있었다. 아이가 잘하면 내가 지금껏 잘해 왔다고 보상받는 느낌이 들었다.

어느 순간부터 무언가 잘못되어 가고 있다는 것을 알아차렸다. 알아차리고 나자 아이와의 관계가 흔들리는 게 두려웠다. 정신이 번쩍 들었다. 아이가 초등학교에 입학했다는 이유

하나만으로 수선 떨며 욕심쟁이가 된 것은 왜일까, '왜?'라고 묻는 질문을 끊임없이 자신에게 던졌다. 그리고 질문의 결론을 내렸다. 아이를 통해 대리만족을 느끼고 싶었던 것이다. 인정받고 싶었고 내가 이루지 못한 그것들을 아이가 이뤄주길 바라는 마음 때문에 욕심이 생겼던 것이다.

초등학교 시절, 잘사는 아이들이 모여 있는 아파트에 사는 친구가 있었다. 그 친구는 다방면으로 재능이 많았던 아이다. 공부도 잘했고 운동도 잘했고, 교내에서 하는 동요대회에서도 늘 상을 받았다. 매력적인 외모에 인기도 많았고 신기할 정도로 못 하는 게 없는 아이였다.

그 친구는 생일이면 직접 쓴 카드를 돌려 반 친구 모두를 파티에 초대했다. 파티에 갔더니 친구 엄마가 맛있는 음식들을 직접 요리해 생일상을 차려 주었다. 실컷 먹고 실컷 노는데, 한쪽에 반짝이는 포장지의 생일 선물이 산더미처럼 쌓여있는 게 보였다. 어린 나는 저런 삶을 사는 아이가 있다는 것이 신기하고 부러웠다.

내 아이도 그 아이처럼 공부도 운동도 인기도 많은 아이였으면 좋겠다고 생각했다. 열등감에서 시작된 마음. 내가 갖고 싶던 그것들을 내 아이를 통해 성취하려고 했던 욕심. 내 아이의 성향과 속도는 완전히 무시한 채 순식간에 나는 욕심쟁이 엄마로 돌변해 있었다.

　그것들을 알아차린 뒤 아이에 대한 미안함이 마음 깊은 곳에서부터 올라왔다. 학교에 적응하는 것도 힘들었을 텐데, 엄마의 욕심을 감당하느라 얼마나 힘들었을까를 생각하니 아이가 안쓰러웠고, 어린 나의 모습도 짠해 한참을 울었다. '그래서 그랬구나. 그래서 그랬어.' 그렇게 아이에게 미안한 마음으로 사과하고 눈물로 나의 마음을 애도하는 시간을 보냈다.

　모든 것을 다시 다잡고 싶었다. 틀어진 중심을 다시 잡아야 한다고 생각했다.
　그때부터 천천히 나는 아이에게 많은 선택권을 넘겨주었다. 읽기 싫어하던 영어 그림책과 집중 듣기는 보지도 하지도 않았다. 아이의 물건을 고를 때에도 모든 결정을 내 뜻이 아닌 아이와 함께 상의했다. 내 마음에 쏙 들어도 아이가 원하지 않으면, 더 중요한 것을 놓치지 말자며 내려놓았다. 우리의 관계는 전처럼 회복되었고, 아이의 얼굴도 점점 밝아졌다. 아이는 진실로 엄마가 애쓰고 있음을 알았다. 자신을 존중해 주는 엄마의 마음을 느끼고 있었다.

　아이들은 엄마 내면의 감정변화를 귀신같이 알아차린다. 엄마가 애쓰고 있음을, 변화하려 노력하고 있음을 말이다. 그 뒤로 나는 더욱더 아이와 솔직하고 친밀한 관계가 되려고 노력했다. 아이와 더 많은 대화를 나눴고, 아이의 이야기를 경청했다. 문제를 아이에게로 돌리려 하지 않았으며 나의 내면으로 더 깊이 들어가며 나를 헤아리려 했다.

엄마인 자신의 결핍과 내면의 불편함을 먼저 알아차리고 내려놓는다면, 아이의 선택을 무한 존중해 줄 수 있다. 이제 나는 아이의 성적표가 나의 성적표라고 착각하지 않는다. 얼마큼 똘똘한 아이인가가 아닌 아이의 행복을 가장 최우선으로 생각한다. 억지로 채워 주려 애쓰지 않으며, 진득하니 아이를 믿고 기다릴 수 있게 되었다.

그때부터 3학년이 된 지금까지 영어 그림책은 아이가 원하지 않으면 읽어 주지 않았다. 한동안 영어에 대한 이미지 회복 시간이 필요할 것으로 생각해서 내린 결론이었다. 아이에게 맞는 시기가 올 것이라 믿고, 조급함을 완전히 내려놓고 아이가 먼저 나에게 손을 내밀어 주는 그 날을 기다렸다. 최근에 아이가 광고에서 보았다며 영어로 된 프로그램을 해보고 싶다며 결제해 줄 수 있냐고 물었다. 나는 먼저 손 내밀어 준 아이의 요청을 기쁘게 받아들였다.

나는 그렇게 아이의 성적이 아닌 행복을 선택하는 엄마가 되었다. 포기가 아닌, 선택으로 말이다.

더하지 말고 덜어 내세요

나의 할머니는 새벽 첫 뉴스부터 밤 12시 마감뉴스까지 온종일 뉴스를 놓치지 않고 시청하시던 분이었다. 80세가 넘은 연세에도 텔레비전에 나오는 드라마 내용을 꿰차고 있었고, 가끔 나에게도 배우와 예능인들에 대해 이야기하곤 했다.

"하나야, 텔레비전에 나오는 노랑머리 그 친구랑 그 여가수랑 사귄다더라."

연예 뉴스를 보고는 내게 전해 주던 말이다. 늘 스위치 온 상태로 눈을 떴을 때부터 감을 때까지 TV가 열일 중인 것은 우리 집의 내력이다. 나 역시 외로워도 슬퍼도 TV가 있고 드라마와 예능프로가 있어 웃을 수 있었다.

그럼에도 바꾸고 싶었다. TV를 켜면 하염없이 시간이 흘렀기 때문에 나는 결단이 필요한 때라고 생각했다. TV 없이 살아갈 수 있느냐 없느냐 하는 나름 중대한 고민을 했다. 우유부단하고 결정 장애였던 내게는 너무 큰 선택의 문제였다. 그렇게 시간이 흘렀고 내 의지력을 믿고 기다릴 수만은 없었다.

'에라 모르겠다.'

그냥 환경을 바꿔보자고 다짐한 그 날, 언제 또 마음이 변해 갈팡질팡할지 몰라 바로 핸드폰을 들고 케이블 선을 끊어 달라는 전화를 했다. 그렇게 질척거리던 TV와의 관계가 끝이 났다. TV가 나오지 않는 집은 고요함 그 자체였다. 낯선 고요함. 낯설었지만 나쁘지 않았다. 고요함이 주는 편안함 속에서 아이들과 눈 맞추고 시간을 보내는 데 여유로움까지 느낄 수 있게 되었다. 행동하고 나니 어쩐지 과감함이 생겼다. 자신감이 붙은 나는 당시 사용하던 스마트폰마저 포기하고 폴더폰으로 바꾸기까지 했다. 매일 보던 TV와 스마트폰을 내려놓는 자유로움은 경험해 보지 못한 사람은 모른다. 아무도 시키지 않은 자발적 선택이었기에 생각보다 큰 기쁨을 주었다.

김미경 작가님의 책『이 한마디가 나를 살렸다』중에는 어쩔 수 없이 지킬 수밖에 없는 환경을 만들어서 나와의 약속을 수행하며 자신을 단련시켜 보라는 이야기가 나온다. 나는 이 말에 전적으로 동의한다. 게으르고 느린 나는 내 의지력을 절대 믿지 못한다. 진정 내 의지력을 믿는단 말인가? 의지력보다는 지킬 수밖에 없는 환경의 변화가 나를 움직이게 했다.

성공한 사람들이 무엇을 하는지가 아닌 무엇을 하지 않는지를 들여다보라는 이야기를 인상 깊게 새겼다. 부모 역할에 대한 정보가 넘쳐나는 세상, 정보의 홍수 속에서 살아가는 우리는 무엇을 더해야 한다는 마음에 조급하고 늘 현재 자신의 모습을 부족하다고 생각한다. 더해야 할 것 같고, 채워야 할 것 같은 마음이 든다. 아이에게 최고의 것을 주고 싶은 부모 마음은 같다지만, 과잉은 오히려 독이 될 수 있다.

더하기보다 덜어내는 지혜를 발휘해야 한다. 나는 불필요하게 나의 시간을 잡아먹는 TV와 스마트폰과의 절교를 선언하고 덜어냄을 통해 아이들과의 시간을 얻었다. 나처럼 하라는 말은 절대 아니다. 그렇지만 과감한 가지치기를 통한 환경의 변화는 더 중요한 것을 알게 해 준다는 걸 말하고 싶다. 부모로서 아이에게 무엇을 해줘야 한다는 고민만 했다면 이제는 무엇을 하지 말아야 할지를 고민해 보는 건 어떨까?

아이가 좋아하는 게 뭐예요?

　11살이 되는 큰아이는 한 가지에 몰입하면 그것에 푹 빠지는 아이다. 2~3살 때는 동물을 좋아해 동물 이름으로 한글 놀이를 하며 한글을 뗐고, 자주 동물원에 다니며 동물들을 구경하고 동물 백과를 수시로 펼쳐보던 아이였다. 그 관심사가 공룡으로 확장되어 역사와 과학 분야까지 확장되었다. 편식 없이 분야를 넘나들며 독서를 즐기던 아이가 9살이 되면서부터 만화책에 빠져들기 시작했다. 만화책에 흥미를 느낀 아이는 시도 때도 없이 "만화책! 만화책!" 노래를 부르며 도서관으로 만화책 읽으러 가고 싶어 했다. 몰입하는 아이의 모습을 보면서 만화책만 봐도 괜찮은 건지 걱정이 스멀스멀 올라왔다. 편식 없이 책을 잘 읽던 아이가 재미 위주의 만화책만 찾게 된 것이 한편으로는 불편하기도 했다.

　독서에 관한 사람들의 관심이 나날이 높아지는 때였다. 관심이 높아진 만큼 서점에 가면 독서법에 관련된 책들 또한 어렵지 않게 찾아볼 수 있었다. 그 날도 독서교육 관련 책을 찾아보고 있었는데, 만화책에 대한 고민이 있던 내 눈에 유독 들어온 문장이 있었다. 만화책에 대한 다소 비판적인 글이었다. 그 글을 읽고 난 뒤 아이의 만화책 몰입이 좀 더 신경 쓰이기 시작했다.

아이의 만화책 사랑을 멈추게 하고 싶었다. 관심을 돌리고자 아이에게 맞는 연령별 추천 도서들도 한두 권 빌려와 아이 머리맡에 놓아 보기도 하고, 아이가 좋아할 법한 책을 읽는 흉내를 내며 재미있다고 발 연기를 해 보기도 했지만, 나의 의도를 눈치챈 것인지 아이는 더욱더 단호하게 거부했다.

"엄마, 나 글 밥 책은 안 봐. 만화책이 재밌어."

아이의 만화책 사랑 때문에 도서관이 원망스럽기도 했다. 아이들이 다니는 학교 도서관 사서 봉사활동을 해 보았기에 도서관에 있는 책들에 대해 잘 알고 있었다. 도서관 입구에 들어서자마자 가장 명당자리에 아이들이 좋아하는 만화책 코너가 있다. 쉬는 시간마다 아이들은 만화책 코너 소파에 옹기종기 모여앉아 만화책을 보다가 돌아가곤 한다. 사서 봉사활동을 하면서 아이들이 얼마나 만화책에 열광하는지 체감할 수 있었다. 마침, 학급 독서 시간에 만화책은 보면 안 된다고 담임선생님이 정한 규칙에 대해 아이가 물었다.

겁쟁이 엄마의 용감한 육아

"엄마, 독서 시간에 왜 만화책은 안 돼?"

아이의 질문에 나 역시 똑 부러지게 대답해 주지는 못했다.

집에서 5분 거리에 대형서점이 생겼다. 이제 아이들과 대형
서점에 가기 위해 지하철을 타지 않아도 된다는 기쁨에 한동
안 매일 그곳으로 책 구경을 다녔다. 그 날은 친오빠와 함께
서점에 들른 날이었다. 삼촌이 아이들에게 갖고 싶은 책을 사
준다고 약속했다. 신난 녀석들은 신중하게 무슨 책을 살지 각
자 둘러보며 찬찬히 책 쇼핑에 들어갔다. 한참을 고민하며 신
중하게 쇼핑하던 큰아이가 유레카를 외치듯 내게 달려왔다.

"엄마, 대박, 이런 책이 있어!!!"라며 내게 보여준 것은, 다
름 아닌 마인크래프트 가이드북이었다. 나는 고작 게임 가이
드북이라서 실망했지만, 보석이라도 발견한 듯 흥분하고 기
뻐하는 아이의 모습을 본 삼촌은 약속대로 그 책을 사 주었다.

집에 돌아온 아이는 외투도 벗지 않은 채 선물 받은 게임 안
내서를 읽기 시작했다. 한시도 가만히 앉아 있지 못하던 에너
지 넘치는 녀석이 깨알 같은 글씨의 안내서를 읽으며 한자리
에 앉아 깊이 몰입하는 모습을 보여 주었다. 그런 아이의 모습
을 가만히 관찰하며, 어떻게 긴 글 밥 책을 읽도록 유도할까
고민했던 것이 허무했다. 좋아하는 분야라면 저렇게 깨알 같

은 글자도 놓치지 않고 몰입하는 아이의 모습을 보면서 그제야 무릎을 탁! 치게 되었다.

왜 꼭 학년별 추천 도서여야 하는지, 만화책은 왜 안 되는지, 정확한 논리도 이유도 없이 편협한 시각으로 한계를 지었던 어리석음을 아이가 나에게 깨닫게 해 주었다.

『푸름아빠 거울육아』의 저자인 최희수 작가님의 강연을 아이들이 아주 어릴 때부터 자주 들으러 다녔다. 배려 깊은 사랑의 육아 철학이 와닿았기에 강연을 들으면서 '아이의 관심사에서 시작하라'는 그 메시지를 잘 새기고 있었다. 그리고 강의를 들으며 유년기뿐 아니라 내 아이들에게도 초등시절이 온다면 나 역시 아이의 관심사에 주목하는 엄마가 되어 주겠다고 다짐했다. 시간이 흘렀고 다짐이 흐릿해졌을 무렵, 몰입하느라 반짝이는 아이의 눈빛이 다시금 그 메시지를 떠올리게 해 주었다.

'내 아이가 좋아하는 건 뭘까?'

게임과 만화책, 나의 좁은 틀을 깨야겠다고 생각했다. 당시 마인크래프트 게임 이야기를 온종일 하던 아이였기에 나는 단박에 아이가 좋아하는 것이 무엇인지 알고 있었다. 서점에 가서 아이의 관심사인 마인크래프트에 대해 검색하기 시작했다.

생각했던 것보다 게임 안내서 외에도 책의 종류가 다양했다. 그날 구매해 온 책 중에는 마인크래프트 공식 이야기책으로 나온 『마인크래프트: 좀비 섬의 비밀』이라는 소설책도 있었다. 300페이지 가까이 되지만 그림 하나 없는 소설책이었는데, 책을 구매한 날부터 아이는 엄청난 몰입으로 말 한마디 없이 읽어 내려갔고, 그렇게 한참을 다 읽고 난 뒤 신세계를 경험한 표정으로 내게 이렇게 말했다.

"엄마, 이 책 대박 재밌다."

아이의 모습을 보고 깨달은 것이 있다면 편견이 없는 순수한 아이는 만화와 글 밥 책의 경계가 없다는 것이다. 그저 자신이 좋아하고 재미있을 때 몰입해서 읽는 것일 뿐…….

아이가 재미있어하는 책을 훑어보며 작가소개의 글을 읽어보았다. 맥스 브룩스라는 세계적인 밀리언셀러 작가이다. 이 작가의 아버지는 코미디 배우이자 영화감독이었다. 아버지의 영향으로 대중문화에 심취했던 저자는 대학에서 역사학을 전공한 뒤 방송국 작가로 활동하였고, 2002년 에미상 코미디 부문 극본상을 받는 등 뛰어난 문학적 역량을 선보였다.

평소 전쟁과 좀비에 대해 큰 관심이 있던 작가는 타고난 상상력과 탄탄한 글쓰기 실력을 바탕으로 첫 책 『좀비 서바이벌 가이드』를 펴냈으며, 이 책은 미국에서만 100만 부 넘게 팔리는 폭발적인 사랑을 받았다고 한다. 그 후 그는 또 다른 도전으로 전 세계 1억 명이 넘는 사용자가 즐기는 게임 마인크래프트를 줄거리화해 이 책 『마인크래프트 : 좀비 섬의 비밀』을 펴낸 것이다.

영화 「기생충」으로 오스카 4관왕을 거머쥔 봉준호 감독님 역시 1990년대부터 열광적인 만화 팬들의 성지인 만화 전문 서점 '한양문고'를 15년 넘게 드나든 만화책 중독자이자 만화책 수집가였다고 하니 만화에 대한 시각이 조금 달라지는가? 좀비와 전쟁에 대한 관심사로부터 시작해 밀리언셀러 작가가 된 맥스 브룩스와 만화 중독자 봉준호 감독님의 이야기를 접하며 나는 또다시 얼마나 좁은 시야로 아이의 가능성을 보지 못했는지 깨달았다.

내 아이가 좋아하는 관심사가 무엇인지 관찰하자. 아이가 좋아하고 흥분하는 소재의 책을 읽을 수 있는 환경을 만들어 주자. 부모가 편견 없이 멀리 바라볼 수 있는 시야를 가진다면 아이는 한계 없이 자신이 좋아하는 것에 몰입하며 배움의 기쁨을 느낄 수 있을 것이다.

아이의 눈빛을 보며 더욱 흠뻑 몰입할 수 있는 환경을 만들어 주자. 나처럼 허용하기 불편한 마음이 든다면 아이의 문제가 아닌 엄마의 내면으로 마음의 눈을 돌려 무엇이 걱정되는지 들여다보면 된다. 자신을 믿고 지지해 주는 엄마의 배려 깊은 사랑을 받는 아이들은 절대 우려하는 길로 빠지지 않는다.
엄마의 틀이 넓을수록 아이의 가능성도 넓어진다.

엄마표 놀이, 왜 하세요?

둘째가 태어난 후에도 변함없이 우리는 삼총사가 되어 똘똘 뭉쳐 시간을 보냈다. 체력적으로 힘든 시간도 많았지만, 한편으로는 시간에 쫓기지 않는 생활이 여유롭기도 했다. 유치원에 가지 않으니 피곤한 날에는 늦잠을 늘어지게 잤고, 특별한 계획이 없으니 아이들은 자신들의 감각대로 먹고 싶을 때 먹고 자고 싶을 때 잤다. 시간에 구애받지 않고 편하게 지내는 것이 좋았다.

그러나 마냥 편할 수만은 없었기에 교육철학의 중심을 잘 잡아야겠다고 다짐도 많이 했다. 그 중심을 위해 다양한 육아 관련 서적들을 읽는 것이 일상이 되었고, 책을 통해 자연스럽게 '엄마표 놀이'의 세계를 알게 되었다. 지금은 엄마표라는 말이 보편화되었지만, 당시 내가 엄마표 놀이와 교육을 접할 때는 신세계를 알게 된 듯한 기분이었다. 무엇이든 놀이화시켜 쫑알쫑알 이야기하는 아이들을 보면 감탄이 나왔다.

아이들에게 '놀이'는 일상 그 자체였다. 인터넷과 책 속에는 다양한 '엄마표' 정보들이 넘쳐났고, 그 세계를 알아 가는 것이 재미있었다. 엄마표 놀이에 푹 빠진 나는 도서관에 있는 관련 책들을 모조리 빌려와 매일 아이와 어떻게 놀까 고민했다. 놀이로 접한 한글도 30개월부터 시작해 6개월 정도 지나 뗄 수 있었고, 엄마표 영어, 수학, 과학 실험 놀이, 미술 놀이 등등 매일 다양하게 아이들에게 놀이학습 환경을 주었다.

엄마도 재미있는 딱 그 정도까지만 해야 했다. 또, 또 욕심이 문제였다. 놀이를 통해 배우는 줄도 모르게 배움의 즐거움을 알려주고 싶었던 처음의 마음은 점점 사라지고 있었다. 내가 준비한 노력과 이론들을 아이들에게 몽땅 흡수시켜야 한다는 마음이 스멀스멀 올라왔다. 점점 아이의 욕구보다 내 욕심이 앞서는 날도 늘어갔다.

더 큰 난관은 내 계획대로 순순히 따라주지 않는 아이들이었다. 미술 놀이를 하려고 하면 아이는 그보다 물감 짜는 행위에 더 즐거움을 느꼈고, 물에 물감이 섞이는 모습을 더 좋아했다. 물감 섞는 걸 좋아하는 것 같아서 물감을 섞으며 색의 변화를 알려 주려 했더니 이 색 저 색 섞어 똥색을 만들고는 깔깔깔 웃었다. 실험 놀이를 하다가도 엉뚱한 재료에 빠져 그것만 갖고 놀고 싶다고 한 날도 많아 계획은 물거품 되기 일쑤였다. 나는 그러한 아이의 놀이 세계를 이해하기 어려웠다.

가을 날씨를 만끽하고 들어 온 어느 날, 가을이라는 계절을 주제로 아이와 색종이 접기를 해 보고 싶었다. 접은 색종이로 도화지에 가을 풍경도 꾸미며 가을에 관한 책을 읽으며 나름의 계획을 잡은 날이었다.

"얘들아, 가을 하늘이 파랗고 높았지? 가을에는 다양한 곡식이 열린대! 우리 이 책 보고 색종이로 도토리도 밤도 접어 보자."

색종이를 꺼내자마자 아이들은 내가 준비한 도토리 접기보다는 꾸깃꾸깃 종이를 꾸겨서 알 수 없는 괴생물체 놀이를 했다. 큰아이는 순서대로 종이를 접는 것보다 자기 마음대로 종이를 구긴 뒤 그 모양을 가지고 상상 놀이를 즐기고는 했다. 아이의 창의성과 상상력이 눈에 보이지 않던 초보 엄마는 도토리 접기에만 몰입한 채 한숨을 쉬고 있었다.

"알았어. 이것만 완성하고 그거 가지고 놀자."

"이것만 끝까지 다 하자."

지금 와 돌아보면 아쉬운 마음이 들 때가 많다. 아이와 함께 종이를 구기고 찢으며 신나게 상상 놀이에 함께 풍덩 빠져들었다면 얼마나 좋았을까? 아이의 눈빛과 욕구를 따라줬으면 더 좋았으련만 그게 무어라고 찾아보고 준비한 것들을 알려

줘야 한다는 마음으로 아이의 관심을 돌리기 위해 애를 썼던지······. 애쓰는 것에 지친 어느 날은 표출된 화와 짜증으로 놀이가 마무리되기도 했다. 그런 날은 실망스러운 마음으로 씩씩거리며 놀잇감을 정리했다.

누구를 위한 엄마표 놀이란 말인가?

엄마표 영어 실패담을 이야기하자면 밤을 새워도 모자랄 것이다. 영어 울렁증인 내가 단어와 발음 해석까지 찾아가며 아이들에게 꾸역꾸역 영어책을 읽어 주던 때를 돌아보면, 우리 아이들이 왜 영어를 싫어하는지 충분히 이해가 가고도 남는다. '아이들이 영어를 싫어하게 만드는 법'으로 강연도 할 수 있을 지경이었다.

아이들에게 영어책을 읽어줘야 한다는 숙제 같은 마음으로 들이댄 것도 실수였다. 엄마의 감정과 에너지를 섬세하게 느끼는 아이들이 얼마나 부담스러웠을까.

의욕은 갖되 욕심은 버려야 했는데, 의욕과 욕심을 만땅 충전하고 들이댔으니 아이들이 좋아할 리 없었다. 영어란 어렵고 힘든 것이라는 이미지만 알려준 꼴이 되었다. 엄마를 모방하기 좋아하는 아이들에게 그냥 영어 노래를 흥겹게 듣게 하고, 좋아하는 영화를 재밌게 보게 했다면 더 긍정적인 이미지를 주었을 텐데 말이다.

아이들은 다양한 상황에서 많은 것들을 습득하고 배운다. 배움의 즐거움이 함께한다면 그것이 더할 나위 없는 엄마표 놀이일 것이다. 많은 시행착오와 감정의 소용돌이를 겪으며 배움의 본질을 잊고 지식만을 알려주고 싶어 했던 욕심이 실패의 원인이었다. '교육'이란 아이들에게 지식을 넣어주는 것이 아닌 아이가 이미 갖고 있는 잠재력을 끌어내는 것이라고 한다. 배움이 즐겁다고 느끼는 아이는 자신이 좋아하는 것에 몰입하는 힘이 있다.

엄마표 교육을 시작하려는 이들에게 너무 힘들여 덤비지 말라고 이야기하고 싶다. 그저 내 아이가 무엇을 좋아하는지 섬세하게 관찰하고 아이가 좋아하는 것을 더 좋아할 수 있도록 환경을 만들어 준다면, 아이들은 스스로 다양한 도구를 통해 배울 것이다. 부디 나와 같은 시행착오를 겪지 않기를 바란다.

다시 아이들이 유년기 시절로 돌아간다면 지금 내 아이가 무엇을 좋아하는지를 더욱 열심히 관찰할 것이다. 아이가 좋아하는 관심사의 책을 사주고 놀잇감을 만들며 놀고 싶다. 아이가 주도한 놀이에 엄마가 들어가는 아이표 놀이, 아이표 학습의 시간을 갖는 데 더 몰두할 것이다. 아이표 놀이학습의 핵심은 엄마의 내공이다. 엄마가 주체가 아닌 아이가 주체가 되는 것, 아이가 이끄는 놀이의 바다에 엄마는 함께 풍덩 빠져 주는 것, 말처럼 쉽지 않기에 엄마의 내공이 필요하다.

　아이들이 주도하는 놀이의 힘은 놀라웠다. 냉장고 식재료들을 꺼내 창작 요리도 하고 다양한 것들을 활용해 수시로 만들며 그리며 상상의 나래를 펼쳤다. 나는 아이들과 깔깔 웃고 놀며 아이들이 만든 작품을 감상하고 반응해 주면 되었다. 힘을 빼고 나자 아이와의 놀이가 '엄마표 놀이'가 아닌 진짜 놀이가 되었다. 놀이를 하다 궁금한 것들이 생기면 스스로 검색해 보며 궁금증을 해소했다. 놀이와 배움의 선순환의 연속이다. 나는 이제 엄마가 선생님이 되지 않아도 된다는 것을 알게 되었다. 전처럼 아이의 질문에 완벽한 답변을 주어야 한다는 마음의 부담도 없어졌다. 그저 환경을 만들어 주고, 아이의 이야기를 들어주는 것, 모르는 것은 모른다고 이야기하고 함께 알아보는 것, 그것이면 충분하다는 것을 알아차렸기 때문이다.

집안일이 주는 축복

어린아이들에게는 집 안 곳곳이 놀이터가 되기도 한다. 따라쟁이 아이들에게는 특히 엄마가 하는 집안일은 재밌어 보이고 해 보고 싶은 놀이 중 하나이다. 나도 어렸을 때 주방에서 엄마가 식사 준비하는 것을 구경하기 좋아했다. 탁탁탁 칼질하는 것도, 조물조물 나물 무치는 것도 다 너무 재미있어 보였다. 구경하다 해 보고 싶을 땐 "엄마, 내가 해봐도 돼?"라고 물었고, 엄마는 해 보라며 자리를 내어 주고 요리 방법을 알려 주기도 했다.

명절 전 음식을 준비할 때, 부침개 달걀물 묻히는 것과 밀가루옷 입히기를 주로 도왔는데, 어쩌다 어른들이 전 굽는 일을 시켜줄 때면 얼마나 재미있던지……. 뚝딱뚝딱 요리하는 내가 꼭 어른이 된 것 같은 뿌듯함도 함께 선물 받았다.

큰아이가 2살 즈음 한참 갑 티슈를 뽑아가며 놀던 때가 있었다. 어느 날은 쏙쏙 뽑은 티슈를 들고 텔레비전 선반부터, 방바닥까지 닦는 시늉을 하는데 작고 통통한 손가락으로 어찌나 야무지게 엄마의 행동을 따라 하던지, 지금도 기억날 때마다 절로 미소가 지어진다. 아이들은 걷기 시작하는 2~3세 때 엄마의 행동을 더더욱 따라 하기 시작한다.

어느 여름날 큰아이에게 "은호야, 선풍기 좀 꺼줘" 하고 부탁을 했다. 선풍기 근처에 있던 아이가 갑자기 일어서더니 발가락으로 선풍기 버튼을 탁 누르며 끄는 모습에 웃음이 터졌던 기억이 난다. 허리를 숙이기 귀찮아 발가락으로 선풍기 버튼을 조절하는 모습이 영락없는 내 모습이었기 때문이다.

외출이 힘든 겨울철에는 집 안에서 아이들과 놀이 삼아 집안일을 했다. 집에서 아이들과 할 수 있는 놀이는 조금만 둘러보면 무궁무진했다. 앞에 말한 엄마표 놀이 실패 커리큘럼이 아닌 자연스럽게 집안일을 놀이화했던 시간은 여전히 우리에게 기분 좋은 추억으로 남아 있다.

생일파티를 하고 난 날이면 케이크 안에 함께 들어있는 플라스틱 칼을 버리지 않고 잘 씻어서 보관했다가 요리할 때 아이들이 그것으로 칼질해 볼 수 있도록 했다. 된장찌개를 끓이는 날이면 애호박, 두부 등 부드러운 채소를 자르게 했다. 서너 살 아이 정도면 케이크 칼로 얼마든지 요리 재료를 뚝뚝

자를 수 있다. 엄마가 지켜봐 주고 함께해 준다면 안전하게 함께 요리하는 시간을 가질 수 있다.

서툴지만 사랑스러운 실력으로 아이가 들쭉날쭉 자른 채소들 모양을 보며 나는 질문을 했다.

"이건 어떤 모양이야?"

"이건 무슨 동물을 닮았어?"

나의 질문에 아이는 삐뚤빼뚤 애호박을 쳐다보며 상상의 이야기를 펼쳤다. 컨디션이 좋은 어느 날은, 함께 밀가루도 반죽해 수제비도 만들어 보고 쌀가루 반죽으로 꿀떡을 쪄 먹기도 했다. 밀가루와 물이 섞이며 반죽이 되는 과정을 관찰하다 보면 대화거리가 술술 나왔다. 함께 자르고 반죽한 음식 재료들이 요리로 탄생해 밥상에 올라오면 아이는 자신이 보탬이 되었다는 뿌듯함과 더불어 성취감도 맛보았다.

즐겁게 요리하던 시간들 덕분일까? 우리 집 아이들은 여전히 밥상 차리기를 즐거워한다. 주먹밥, 비빔밥, 볶음밥 등등 냉장고에서 재료를 꺼내 알 수 없는 요리 창작 세계에 곧잘 빠지곤 한다.

요리야말로 창의적 융합 교육에 적합한 놀이라 생각한다. 손을 움직이며 모양도 내고 변화도 관찰하며 맛도 볼 수 있다.

재료를 만지는 촉감은 어떤지, 반죽이 되는 동안 밀가루의 모습은 어떻게 변화되는지, 요리하며 나눌 대화거리도 풍성하다.

우리는 저녁 식사 시간이면 식탁에 올라온 다양한 재료들을 두고도 한참 이야기를 나눴다.

"이 채소는 어디서 자라는 채소일까?"

"뿌리채소일까? 줄기채소일까?"

퀴즈 맞히기도 하고 아이들의 이야기도 들으며 무궁무진한 대화를 나누었다. 생선을 좋아하는 둘째를 위해 생선튀김을 식탁에 올린 날이었다.

"얘들아, 생선은 어떻게 우리 집 밥상까지 올 수 있었을까?"

툭 던진 나의 질문에 아이들은 자신들이 알고 있는 지식과 상상의 나래를 덧붙여 열심히 의견을 말했다.

우리 집 밥상 앞에는 떡 하니 세계지도와 우리나라 지도가 붙어 있다. 아이들 보기 좋게 그림으로 잘 표현된 지도에는 동물과 어류들이 사는 곳까지 친절하게 그려져 있다. 우리가 먹는 생선이 사는 곳을 지도에서 찾아보며 태평양 인도양 대서양까지 대화를 나누고, 동물들의 먹이사슬까지 깊이 있는 대화를 이어갔던 기억이 난다.

요리뿐 아니라 청소 역시 아이들에겐 즐거운 놀이다. 청소기를 돌릴 때면 매번 "나도 해 보고 싶어, 엄마."라고 말하는 두 남매에게 한 명씩 차례로 아이들 손에 청소기를 넘겨주었다. 귀찮고 사소한 일이지만 아이의 눈에는 윙윙 소리와 함께 먼지가 빨려 들어가는 모습이 재밌고 신기했나 보다.

아이와 함께하는 집안일은 단순한 놀이의 의미만은 아니다.

마티 로스만 미네소타대학 명예교수가 2002년에 분석한 결과를 보면, 어릴 때부터 집안일을 해온 아이들은 통찰력, 책임감, 자신감이 더욱 높았다. 좀 더 자세히 연구 결과를 보면 3, 4세부터 집안일을 경험한 아이들의 경우, 10대 때 처음 집안일을 경험한 아이들보다 자립심과 책임감이 훨씬 높게 나타났다.

또 집안일은 어린아이들에게 다른 사람들이 무엇을 필요로 하는지 살펴보는 능력을 키워준다고 한다. 하버드대학 교육대학원의 리처드 와이스버드 교수는 아이가 어릴 때부터 집안일을 하면, 다른 사람의 감정에 공감하고 필요에 따라 반응하는 능력이 키워진다고 한다.

• 더리치 아카데미, 『우리아이 부자습관』 중에서

이처럼 손쉽게 아이와 함께하는 집안일 놀이는 자존감, 소속감, 책임감, 자립심, 성취감, 공감 능력, 학업 능력 등등 아이들에게 많은 것들을 안겨줄 수 있다. 함께 빨래 널기, 이부자리 정리하기, 설거지하기, 함께 밥상 차리기, 요리하기, 정리하기 등등…….

아이와 놀아 주는 방법이 어렵게 느껴진다면 집안일을 통해 일상에서 아이와 함께 할 수 있는 것들을 찾아보자. 집 안에서도 충분히 아이와 풍성한 놀이 육아를 즐길 수 있게 될 것이다. 물론 아이와 함께 하면 시간도 길어지고 귀찮기도 하다. 엄마 혼자 한다면 후다닥 끝날 일에 훨씬 더 많은 수고와 시간이 필요하다는 것을 모르지 않는다. 그럼에도 어차피 해야 하는 집안일, 약간의 수고를 통해 아이와 함께 하는 시간으로 아이에게 많은 것들을 안겨 줄 수 있다면 충분한 가치가 있지 않은가?

꿈꾸는 미니멀 육아

　휘청대는 갈대처럼 흔들리고 불안함이 올라올 때마다 내가 선택한 이 길이 정답인지 아닌지 확인하고 싶어졌다. 나는 그럴 때마다 서점에 가 육아서를 뒤졌고, 강의를 찾아 들었으며 그것조차 할 에너지가 안 날 땐 다큐멘터리를 다운받아 시청했다.

　그 날도 분명 마음을 다잡고 싶어 어떤 다큐멘터리를 시청해볼까 고민하며 인터넷을 뒤적이고 있었다.

　우리 집 자유로운 영혼의 두 아이는 놀 때마다 스케일이 다르게 집 안을 어질렀다. 블록 놀이를 할 때도 소꿉놀이를 할 때도 모든 장난감을 바닥에 쏟고 시작하는 것은 기본이었다. 아이들이 놀이에 몰입할 수 있는 환경을 마음껏 허용해 주고 싶은 것이 내 진심이지만, 엄마도 사람이기에 힘들고 지친 날은 어질러진 집 안 꼴에 천불이 올라올 때가 많았다.

모순적이지만 너저분한 공간을 힘들어하는 내가 아이들에게 맘껏 어지르며 노는 놀이를 허용하고 싶어 했다. 놀이의 중요성을 알았기에 내 마음 편해지자고 아이들의 놀이에 한계를 두고 싶지는 않았다.

허용범위의 틀을 넓히고 싶었다. 발 디딜 틈 없이 뒤집어 놓은 집 안을 보고 있노라면 허용하고 싶은 마음과 '언제 다 치우냐'하고 미리부터 걱정하는 두 마음이 늘 내 안에서 충돌했다.

다큐멘터리를 찾던 그 날도 어질러진 집 안 꼴을 보고 한숨을 쉬며, 좀 더 내려놓고 싶어 방향을 찾고 있었다. 그때 내가 보게 된 프로그램은 EBS「미니멀 육아, 장난감 없이 살아보기」라는 프로였다.

당시 막 우리나라에서 '미니멀 라이프'가 유행하고 있었다. 깔끔하게 정돈된 미니멀 라이프를 실천하는 사람들의 집을 보면 항시 개판 오 분 전인 우리 집과 비교하는 마음이 올라왔다. 비교와 질투로 뒤범벅되기 싫어서 그냥 외면하는 것이 나만의 대처 방법이었다.

'육아가 미니멀할 수 있다고?'

「미니멀 육아, 장난감 없이 살아보기」라는 제목은 나의 호기심을 마구 자극했다. 완성된 장난감을 가지고 아이들이 소비의 세계에 입문한다고 이야기하는 편해문 놀이터 디자이너의 인터뷰를 보고 고개를 폭풍 끄덕였다.

장난감을 사주는 것은 문제가 되지 않는다고 한다. 장난감을 사준 뒤 부모와 상호작용을 하며 함께 놀이를 한다면 더할 나위 없이 좋겠지만 많은 부모님이 그렇지 못하고 아이 혼자 놀 수 있는 편의로 장난감을 생각한다는 비판적인 이야기도 나왔다.

장난감은 진정 아이들을 위한 것일까?

그 프로그램에서 흥미로운 실험을 했다. 장난감도 많은데 마트 갈 때마다 장난감 사 달라는 아이와 실랑이한다는 두 아이의 집에서 2주 동안 장난감을 모조리 다 치워 보았다. 변화는 역시 매우 흥미로웠다. 하원 후 치워 없어진 장난감을 보고 울고불고 서운해할 거라는 어른들의 예상과는 달랐다. 사전에 설명을 충분히 들은 아이들은 상황을 차분하게 받아들였다.

20년 동안 상담을 해온 이영애 교수님은 장난감을 빼앗은 일로 아이가 큰 충격과 트라우마가 생긴 경우는 한 번도 없었다고 말했다. 장난감의 빈자리를 부모와의 상호작용으로 채워 주면 아무런 문제가 되지 않는다고 한다.

놀랍게도 장난감이 없으니 두 집 아이들의 모습도 확연히 전과는 달라졌다. 놀거리를 스스로 생각하기도 하고, 꼬물꼬물 만들기를 하거나 책을 펼쳤다. 장난감을 찾지 않고 종이비

겁쟁이 엄마의 용감한 육아

행기, 휴지 조각 하나만으로도 부모와 상호작용해가며 신나게 노는 모습이 방송에 비쳤다.

아이들에게는 자기에게 필요한 놀이와 무엇을 하면 행복한지를 기가 막히게 알 수 있는 영재성이 있다고 믿는다. 그냥 아이에게 맡겨 두면 되는 것이 진짜 놀이이지 않을까?

미니멀 라이프를 통해 사람들이 진정 가치 있는 것에 중심을 두고 살아갈 수 있다고 한다. 진짜 좋은 육아 역시 더하는 것이 아니라 덜어내는 것이라는 것을 프로그램을 통해 깨달았다.

부모의 힘듦을 장난감으로 대체해서는 안 된다. 장난감을 소비하는 육아가 아닌, 아이들과 놀이로 함께 상호작용하며 채우는 시간이 필요하다. 무분별하게 아이가 원하니까 불필요하게 사주는 장난감들에 대해선 부모들이 많이 고민해 봐야 할 부분임이 분명하다. 장난감을 구매해야 한다면, 완성품보다는 요리조리 다양하게 가지고 놀 수 있는 놀잇감으로 고르면 좋겠다. 청소로부터 자유로워지고 싶어 시청하게 된 미니멀 육아 다큐멘터리를 보고 나는 아이들과 상의하며 하나둘 장난감을 비웠다. 완성된 장난감보다 아이들에게 놀거리를 생각할 환경을 허락해 주었다.

너의 삶을 살아라

가수 양희은의 목소리는 묵직하고 울림이 있다. 툭툭 내뱉 듯 편안하게 부르는 것 같지만, 가슴 깊숙한 곳에 감동을 주는 소리가 있어 매번 감동한다.

우연히 유튜브를 통해 「엄마가 딸에게」라는 양희은의 곡을 알게 되었다. 이 노래를 들은 그날, 얼마나 울었는지 모른다. 노래가 끝날 즈음엔 얼굴을 감싸고 엉엉 울었던 기억이 난다.

양희은이 엄마의 목소리가 되어 덤덤하게 노래를 시작하면 악동뮤지션의 수현이 딸의 목소리가 되어 대화를 주고받는 형식의 노래이다. 나는 아이들의 엄마이기도 하고, 내 엄마의 딸이기도 해서인지, 엄마와 딸 두 입장 모두 공감이 됐다. 엄마가 되었다가 딸이 되었다가, 두 마음으로 가사를 되짚고 되짚었다.

노래 중에 이런 가사가 나온다.

"난 삶에 대해 아직도 잘 모르기에

너에게 해줄 말이 없지만

네가 좀 더 행복해지기를 원하는 마음에

내 가슴 속을 뒤져 할 말을 찾지.

공부해라, 아냐 그건 너무 교과서야

성실해라, 나도 그러지 못했잖아

사랑해라, 아냐 그건 너무 어려워

너의 삶을 살아라."

결국 가슴속을 뒤져 아이에게 전한 말 "너의 삶을 살아라." 라는 가사가 나를 울렸다. 매일 반복되는 육아에 지쳐 끝이 보이지 않는 어둠의 터널을 걷는 것처럼 느껴질 때가 있었다. 아이를 먹이고 씻기고 재우며 시간을 보내다 보면 내 삶은 수증기처럼 사라진 것같이 느껴졌다.

그러나 끝이 안 보이던 그 터널에도 끝은 있었고, 그 시간들은 어이없게도 순식간에 지나갔다. 거짓말처럼 아이들은 눈 깜짝할 새에 커 버렸고, 잃어버렸던 나만의 시간도 조금씩 찾게 되었다.

육아의 끝은 "아이를 잘 떠나보내는 것"이라고 한다. 그 글을 보자마자 이별의 감정이 닿아 마치 당장 내일 아이들을 떠나보내는 사람처럼 눈물이 나오는 나는 여전히 초보 엄마다.

내가 엄마 품을 더 이상 찾지 않듯이 아이들도 자신의 삶을 살아갈 것이다. '너의 삶을 살라'고 말할 수 있을 정도가 되기 위해 아이와 나의 삶을 분리하는 연습을 하고 있다. 아이는 우리의 소유물도 우리에게 온 선물도 아닌 잠시 왔다 가는 귀한 손님이다.

노래 마지막 부분에는 나지막한 듯 덤덤한 듯 엄마의 이야기가 나온다.

"내가 좀 더 좋은 엄마가 되지 못했던 걸 용서해 줄 수 있겠니, 넌 나보다는 좋은 엄마가 되겠다고 약속해 주겠니."

나는 항상 부족한 엄마라 느꼈고 더 많이 주지 못해 미안한 엄마였다. 엄마가 처음이기에 많은 순간 방황했고 어려웠다. 아이를 키우는 데 있어 쉬운 방법은 없었다. 그렇기에 매 순간 내가 줄 수 있는 최선의 것을 선택하려 애썼다.

엄마라는 존재는 자신의 욕구를 내려놓고 아이에게 맞춰야 한다고 생각했다. 다른 존재에게 내 모든 것을 양보한다는 것은 큰 헌신과 사랑이 없이는 할 수 없는 일이다. 시시때때로 변화하는 아이의 발달에 맞춰 아이를 탐색해야 하고 그때마다 나 또한 변화해야 했다. 그래서 아이를 키운다는 것이 진짜 어른이 되는 과정이라고 이야기하나 보다.

  '많은 것을 주지 못해 미안하다고 말하는 내 엄마도 나를 키
우며 같은 마음을 느꼈겠지?'

내 속엔 내가 너무 많아서

착한 아이 콤플렉스입니다

'어떻게 저렇게 솔직하게 표현하는 사람이 있을까?'

남편을 보면서 항상 신기했다. 모든 사람에게 자기 생각을 솔직하고 직설적으로 표현하는 그의 표현법이 말이다. 처음엔 그 직설화법과 투박한 표현이 왜인지 날이 서 있는 듯해 상처를 받는 날도 많았다.

"좀 더 부드럽게 표현할 순 없어?"

결혼생활 동안 내가 그에게 자주 했던 말이다. 뾰족하게 찌르는 듯한 화법에 상처가 나기도 했지만, 함께 살며 시간이 지나고 보니 악의 없는 그의 표현법이라는 걸 알게 되었다. 한편으로는 누군가에게 잘 보이려거나 포장된 모습 없이 솔직하게 표현하며 사는 남편이 부러웠다. 그의 표현법이 나를 불편하게 할 때마다 내 안을 들여다보았다. 내가 착한 아이 콤플렉스였음을 인정하는 데 남편의 화법도 도움이 됐으리라 짐작해 본다.

착한 아이 콤플렉스란 타인으로부터 착한 아이라는 평가를 얻기 위해 내면의 욕구나 소망을 억압하는 말과 행동을 반복하는 심리적 콤플렉스를 뜻한다.

나는 어딜 가든 잘하고 싶고, 누구에게나 사랑받고 싶고, 착한 사람이라고 인정받고 싶었다. 이런 심리상태인지 모르고 살아왔기에 욕구를 억누르고 사는 삶은 내게 그저 당연했다. 좋은 사람, 좋은 엄마, 내조 잘하는 아내, 착한 딸, 사랑받는 며느리……. 이 모든 것이 내가 만든 환상인 줄도 모른 채, 착하지 않은 나를 숨기며 지냈다. 환상 속 나와 현실의 나는 자주 부딪쳤고 나는 자주 자책했다.

'나는 왜 이렇게 살아야 하지?'

불편한 분노가 들끓었다. 겉모습이 착하다고 속마음까지 착한 것은 아니었다. 충족되지 않고 결핍된 텅 빈 마음을 어떻게든 사랑받는 것으로 채우려 거짓된 착한 행동을 할 뿐이었다.

그렇게 나는 오랜 시간 착한 아이, 좋은 사람이라는 프레임에 갇혀 살고 있음을 알게 되었다. 그리고 다짐했다. 내 아이들은 나처럼 착한 아이로 키우지 않겠노라고.

아이를 키우며 불편한 내 감정을 들여다보기 시작했다. 처음으로 돋보기를 들고 감정의 깊은 곳을 살펴보는 시간이었

내 속엔 내가 너무 많아서

다. 그 과정에서 인정하기 싫어 모른 체했던 상처받은 내면 아이도 만나게 됐다. 나까지 고단한 엄마를 힘들게 하면 안 된다는 생각에 늘 밝고 착한 딸로 존재해야 했던 내면 아이를 어루만져 주었다.

모두에게 좋은 사람이기를, 모두에게 사랑받기를 원했던 나의 마음, 미움받을 용기가 없는 겁쟁이. 하나하나 들춰보며 '싫은 건 싫다고, 그래서 어쩌라고!' 소리 한번 쳐보지 못했던 나의 욕구를 내가 알아주기로 했다. 아이가 되어 하나씩 표현해 보며 연습도 했다. 그렇게 조금씩 행동에도 언어에도 변화를 주었다. 나의 행복을 위해 용기를 낸 순간이었다.

'착한 딸, 착한 엄마, 착한 며느리, 착한 아내 안 하기.'

착한 사람이 되고 싶은 마음이 턱 끝까지 차올랐지만, 마음이 불편한 행동, 진심이 아닌 행동들은 의도적으로 하지 않았다. 억지로 얼굴 구겨가며 했던 모든 행동 뒤에는 분노와 억울함만 남았던 경험을 많이 했기에 간절히 변화하고 싶었다. 당당히 표현하며 사는 엄마를 보며 내 아이들도 자기 생각을 자신감 있게 표현하며 살아가기를, 사람들의 시선이 아닌 나 자신을 존중하며 살아가기를 바랐다.

그때 나의 다짐이 얼마나 굳건했던지 아이들을 칭찬해 줄 때도 '어이구 착해!'라는 표현조차 사용하지 않았다. 착한 아이의 반대는 나쁜 아이인 줄 알았다. 착하지 않은 것은 싸가지 없고 버르장머리 없는 것인 줄 믿고 살았다.

가토 다이조의 저서 『착한 아이로 키우지 마라』에 나오는 구절이다.

"자연스러운 아이는 놀고 싶거나 먹고 싶은 욕구가 있다. 착한 아이는 지배와 복종에 익숙하지만 자연스러운 아이는 아이다운 욕망에 충실하다. 자연스러운 아이는 부모를 두려워하는 게 아니라 사랑한다. 자연스러운 아이는 부모에게 직접 자신의 뜻을 말한다. 좋고 싫은 것을 다른 사람에게 밝힐 줄 알아서 싫은 것을 싫다고 자연스럽게 말할 수 있다. (생략) 자연스러운 아이는 자신의 감정을 솔직하게 표현한다. 자연스러운 아이가 부모를 기쁘게 하려는 이유는 부모를 사랑하기 때문이다."

착한 아이의 반대는 나쁜 아이가 아니라 자연스러운 아이라는 글귀에 뒤통수를 세게 얻어맞은 듯했다. 자연스러운 아이는 물 흐르는 듯 자연스럽다. 사랑받으려 애쓰는 것이 아니라 그저 자연스럽게 그들을 사랑하기에 기쁘게 하려는 것이다. 나는 내 아이들이 자연스러운 아이로 자라나길 바랐다. 자신의 감정과 욕구에 충실한 아이. 솔직하게 표현할 줄 아는 아이로 말이다.

착한 아이 콤플렉스를 가진 엄마가 착한 아이로 키우지 않으려는 노력은 쉽지 않았다. 나와 다르게 자기주장을 마구 펼치는 아이들을 보고 있노라면 힘겹기도 했고, 화가 나기도 했다. 그런데도 그 자연스러움을 가슴으로 알고 나면 매 순간 거침없이 생각을 표현하는 아이들의 모습에 감사함이 올라왔다.

한 번도 솔직한 마음을 표현할 줄 모르던 나 역시 '착한 사람 되기'를 내려놓았다. 그리고 나니 나의 행동 뒤에 남아있던 억울함이나 분노 등 찐하게 여운처럼 남아 곱씹던 불편한 감정들이 사라지는 것을 느꼈다. 용기 내어 솔직하게 하나둘 감정표현을 하면 할수록 모든 관계가 진실하고 편안해짐도 경험했다.

모두에게 사랑받지 않아도 되는 지금의 모습이 참 좋다. 나의 욕구를 인정하고 표현하는 지금의 모습이 참 편안하다. 착한 내가 아닌 자연스러운 내가 참 좋다.

질투를 멈추는 방법

"엄마는 왜 나보다 오빠를 좋아해?"

"엄마는 내 엄마인데 왜 내 친구에게 더 친절해?"

하고 싶은 것도, 갖고 싶은 것도 많은 둘째 딸아이. 관계 안에서 아이의 순수하고도 직설적인 표현은 역시 내 안의 상처들을 헤집어 놓으며 불편함을 주었다.

'도대체 이 이상 뭘 얼마큼 더 달라는 말이야?'

때때로 아이의 말 한마디에 가슴 깊은 곳에서 뜨거운 분노가 올라오기도 했다. 주인공이 되고 싶어 하는 아이, 양보하는 걸 싫어하는 아이, 자기 것을 중요하게 생각하는 아이, 엄마의 사랑을 나누고 싶지 않은 아이. 아이의 날것 그대로의 불편한 표현을, 나를 향해 날아오는 부담스러운 요청을 가만히 들여다보았다.

어려서부터 나는 '질투'라는 감정을 경멸했다. 질투는 여자들의 유치한 감정싸움이라 치부했고 질투의 감정들을 가차 없이 비난했다. 학창 시절, 여자 친구들과의 관계에서 알게 모르게 서로를 질투하며 생채기를 주던 관계가 힘들었던 것 같다.

어릴 때부터 3살 터울의 친오빠가 맺는 친구 관계를 동경했다. 어린 나의 눈에 남자들의 관계는 쿨해 보였고 질투 따위의 유치한 감정 놀이가 보이지 않았다.

자신들이 속한 그룹에 경계 없이 또 다른 친구를 들이고, 관계에 집착하지 않는 편안함. 왜 남자들은 운동할 때 지나가는 모르는 사람들과도 같은 팀을 맺고 하지 않는가. 그게 그렇게 부러웠다.

더 어렸을 때의 기억으로 내려가 보니 질투라는 감정은 꽤 오랜 시간 내 안에서 부정당했고, 부피를 줄이기 위해 발로 밟아 버린 페트병처럼 꾹 짓눌려 버려져 있다는 것을 알았다. 입 밖으로는 물론 생각조차 하지 못하게 아주 꾹 눌려 있다는 것을.

부정당했던 나의 감정들을 자각하고 나니, 아이의 표현이 부럽기도 했다. 사실 나도 주인공이 되고 싶었고, 양보하기 싫었고, 내 엄마가 나보다 내 친구에게 친절하게 대하는 게 싫었다. 아이가 투명하게 보여 주는 '질투'의 감정을 인정하게 되었다.

인정하고 나니 더 깊이 내 것들을 볼 수 있는 힘이 생겼다.

내가 끊임없이 타인과 비교하고 교묘히 질투하고 있었다는 사실이 퍼즐처럼 짜 맞추어졌다. 질투라는 감정이 숨 막혀 한다는 사실도, 이제 진공 포장해 놓은 그 감정의 뚜껑을 돌려 열어주어야겠다는 사실도, '질투'하는 나도 자연스럽다는 사실도 모두 알게 되었다. 얼마나 오랜 시간 다투었는지 인정할 수 없었고, 인정하기 싫었던 그 감정을 마주하고 나니 후련함이 찾아왔다. 그리고 용기 있게 그 감정과 마주했다.

예쁘고, 똑똑하고, 인기도 많고, 애도 잘 키우는 셀 수 없이 교묘히 질투해 온 많은 사람들. 어떻게 하면 내가 초라해지지 않을까, 비교에서 지지 아닐까, 그들의 허점을 찾아 헤매던 내 모습을 인정했다. 그리고 이제 나도 내 딸아이처럼 솔직하게 표현하고 행동하기를 선택했다.

부러우면 부럽다고 말했다. 예뻐 보이면 예쁘다고 칭찬했고 친해지고 싶으면 친해지고 싶다고 말했다. 솔직하게 표현하고 나니 나 혼자 하던 그들의 허점 찾기를 자연스레 멈추게 되었다. 정말 편안한 기분이 되었다.

초등학생이 되어서 좀 컸나 보다 생각만 했는데 어느 순간부터 딸아이는 내게 "오빠랑 나랑 누굴 더 사랑해?" "왜 저 친구한테만 친절해?"라고 묻지 않는다. 아이와 우연히 감정에 관한 이야기를 나누다 아이에게 물었다.

"하연이는 요즘 질투 안 해?"

"응, 엄마. 요즘은 질투 안 나."

"왜?"

"이제 나도 할 수 있고, 나도 가질 수 있으니까."

아이의 자신감 넘치는 대답을 듣고는 눈물이 핑 돌았다. 30년 넘게 살아오면서도 알지 못했다. 내가 못 한다고 생각했고 내게는 없는 것이라고만 생각해서 질투 나던 것, 갖고 싶어도 갖지 못하는 것이라 생각하니 더 갖고 싶고, 몰래 갖고 싶어 했고, 갖고 싶지 않은 척했던 그 감정을.

"그 질투심은 나도 하고 싶지만, 행동으로 옮길 용기가 없는 어떤 것에 대한 두려움에 가면이었던 것이다. 질투란 그런 것이다. 원하는 것을 얻지 못할 것이라는 두려움. 자신의 것이라고 여기면서도 두려워서 시도하지 못하는 것을 다른 사람이 버젓이 했을 때, 느끼는 좌절감이다."

• 줄리아 카메론, 『아티스트 웨이』 중에서

불편하고 외면했던 질투의 감정을 느끼며 표현하고 행동하기를 배웠다. 나도 하고 싶지만, 행동으로 옮길 용기가 없는 두려움의 가면을 벗었다. 하고 싶던 것들을 행동으로 옮기며 나도 할 수 있음을 알아 가고 있다. 그리고 그 과정을 통해 나는 가장 나다워졌다. 그렇게 나는 매 순간 아이를 통해 나를 배운다.

아프지만 꺼내 보아야 하는 그것

내 아이가 과연 잘 해낼 수 있을까?

과연 좋은 선생님을 만날 수 있을까?

아이를 온전히 바라봐 주고 배려해 주는 선생님이 존재할까?

학교에 다니며 아이는 끊임없이 상처를 받을 텐데 어쩌지?

아이 입학을 앞두고 내가 떠올리던 질문들이다. 초등학교 입학을 앞두면 엄마들의 불안감은 높아진다. 그 불안함을 달래려 인자하고 아이의 삶에 긍정적인 영향을 미칠 멋진 선생님을 만나게 해달라고 기도하고 또 기도했다.

간절히 원할 때 두려움의 저항도 크다고 했었나. 나의 기도와는 달리 아이의 1학년 담임선생님은 엄격하고 무서운 호랑이 선생님이었다. 섬세하고 여린 성격의 큰아이는 호랑이 선생님 앞에서 긴장하고 또 긴장했다. 다른 친구가 선생님께 꾸

중을 듣는 모습만으로도 잔뜩 긴장한 아이는 "엄마, 교실에서는 그렇게 하면 안 돼. 선생님한테 혼나."라는 이야기를 자주 했었다. 혼나지 않기 위해 애쓰는 아이의 모습이 안쓰러웠다. 왜 담임선생님은 1학년 아이들에게 이리 엄격한지 원망의 마음도 들었다.

'변화된 환경에 긴장된 아이들에게 조금 더 너그러울 순 없는 걸까?'

나는 학창 시절, 학교 안에서 사랑보다는 상처를 많이 받았던 것 같다. 어린 나의 눈에 비친 선생님들은 공부 잘하고 착한 아이들에게만 사랑을 주는 것 같았다. 나는 삐딱한 학생이 되었다. 상처받지 않기 위한 삐딱선이었다.

올해 입학한 둘째 딸아이의 초등학교 입학은 나에게 또 다른 불안함을 안겨 주었다. 남자와 달리 여자들의 관계는 피곤하고 상처가 많을 텐데, 딸아이가 혹여 친구 관계에서 상처받진 않을까 걱정이 되었다.

관계에 대한 뿌리 깊은 나의 부정적인 신념이 불안함으로 작동해 내 아이들의 학교생활까지 필요 이상으로 염려하고 있었다. 나의 상처가 된 힘들고 켜켜이 쌓여있는 과거의 기억을 끌어다가 아이에게 대입해 미리 걱정하고 있었다.

나에 대해 잘 알기 위해서 한 발짝 떨어져 나를 바라보는 연습이 필요했다. 내가 느끼는 감정을 잘 읽어 내야 했다. 아이들은 시시때때로 변화하는 다양한 나의 감정들을 느끼게 도와주었다. 내가 느끼는 감정이 무슨 감정인지 알아야 놓아 버릴 수 있고 변화를 선택할 수 있다. 그렇게 아이를 통해 느껴지는 내 감정과 신념들을 돌아보았다.

'나 지금 또 두렵구나.'

'나 또 오지 않을 걱정을 하고 있구나.'

'내가 믿던 것이 진실이 아니었구나.'

자신에게 수없이 질문하며 내면 깊은 곳을 뒤적였다. 그렇게 뒤적이다 보면 자연스레 이런저런 생각들이 떠올랐다. 아프고 쓰라린 기억들, 눈물 나는 상처들, 다시는 마주하고 싶지 않던 상황들까지 하나하나 용기 내어 마주했다.

그 과정에서 자연스레 분노와 억울함과 서러움과 연민 등의 다양한 감정이 올라왔다. 상처를 해결하기 위해서는 나에게서 느껴지는 모든 감정을 인정해야 했다. 감정은 감정일 뿐이기에 윤리성이 없다. 그 감정을 느끼는 것에 내가 나쁜 사람이 된 듯한 죄책감을 느낄 필요는 없다는 말이다. 감정이 나를 삼키도록 두는 것이 아니라 그것을 받아들이고 자각해야만 치유할 수 있기 때문이다.

아팠던 나 자신을 애도해 주었다. '아이고, 힘들었지.' 눈물로 그 시절의 나를, 그때의 상처를 안아 주었다. 아픈 과정을 떠올려 대면하고 통과했다. 힘들었을 마음을 충분히 애도해 주었을 때 불편한 감정들을 흘려보낼 수 있었다. 내가 느끼는 불편함이 과거의 상처에서 비롯되었다는 사실을 알고 나면 진실을 볼 수 있는 힘이 생겼다.

"나도 날 잘 모르겠어."
"나도 내가 헷갈려."
결혼 전부터 내가 자주 하던 말이었다. 나를 지키기 위해 너무 많은 방어를 하고 있었다. 방어들로부터 나는 진짜 나의 감각을 잃었다. 그리고 잃어버린 감각을 되찾기 위해, 나를 찾기 위해 감정을 만나 풀어내는 과정을 통과했다. 한겹 한겹 덮어 놓은 방어들을 벗겨 냈다. 그리고 서서히 있는 그대로의 내 모습도 괜찮음을 인정하고 믿게 되었다.

초등학교 3학년을 앞둔 아이의 방학. 온종일 집이 제일 편하고 좋다며 뒹굴며 놀거리를 찾아 헤매는 아이의 뒷모습만 보아도 감사함이 올라왔다. 존재 자체에 대한 감사, 편히 쉴 수 있는 방학이 주어짐에 감사, 아이와 지지고 볶고 함께 뒹굴고 춤출 수 있는 시간에 감사했다. 두려움이 사라지면 사랑만이 남는다고 했다. 그 사랑을 보기 위해 그렇게 많이 내 안의 것들을 들여다보았나 보다.

아이를 향한 불편한 마음이 있다면 나의 내면으로 시선을 돌려 보자. 왜 이렇게 화가 나고 불편한 건지, 어디서 시작된 건지 아프지만 꺼내 보아야 할 때이다.

두려움을 결산하는 방법

'저 사람 진짜 속마음은 뭘까?'

'저 모습은 진짜일까?'

착한 가면을 쓰고 살았기에 모든 사람은 원래 겉모습과 속
모습이 다르다고 믿고 살았던 것 같다. 사람들의 진심이 궁금
했다. 보이는 모습 아닌 진짜 속마음이 궁금했다. 독심술이 있
다면 사람들의 진짜 마음을 알고 싶다는 생각을 많이 했다. 사
람들과의 관계에서 상처받을까 두려웠기에 끝없이 진심을 의
심했다.

'저건 가짜일 거야.'

있는 모습 그대로 사랑할 수 있다는 건 불가능하다고 믿었
다. 있는 그대로의 나는 너무 초라했기에 부족함을 채우려 항
상 아등바등했다. 자신이 백조인지도 모르는 미운 오리처럼
말이다.

상처받지 않기 위해 온 에너지를 쏟으며 살아왔다. 누군가가 나의 부족함을 판단할까 두려웠기에 내 것을 나누는 것도 너무나 힘들었다. 알면서도 모르는 척했다. 모르는 척 묻는 것이 편했다.

'니가 알면 얼마나 안다고'라며 나의 진심을 내주고 상처받을까 꽁꽁 나를 동여매고 살았다. 미소 뒤 날이 선 두 얼굴의 나를 자책했다. 판단하고 비난하고 자책하는 감정 패턴의 악순환을 벗어나고 싶었다.

타인을 향한 날이 선 판단과 비난의 모든 시선이 실은 내가 나를 바라보는 시선이었음을 깨닫게 된 날, 정말 많은 눈물을 흘렸던 기억이 난다. 그렇게 나를 사랑하지 못하는 내가 타인을 진심으로 사랑할 수 없었음을, 나에게 너그럽지 못한 내가 타인에게도 너그러울 수 없었음을 알게 되었다. 나를 가장 사랑해 줘야 하는 내가 나를 가장 비난하며 손가락질하고 있었다는 것을 알게 되었다.

많은 것들을 자각한 뒤 한발 한발 걸음마를 하는 아이처럼 연습해 보았다. 있는 그대로 진실하게 행동하고 표현하는 연습을. 제일 처음으로 내가 해보았던 것은 싫은 것은 싫다고 말하는 것이었다. 좋은 사람이 되기 위해 하기 싫은 것을 억지로 하지 않았고 거절도 많이 해보았다. 해보지 않은 것을 해보는 일은 말처럼 쉽지 않았다. 그런데도 수백 번 넘어지고 엉덩방아를 찧어본 뒤 아장아장 걷게 되는 아이처럼 하나둘 해보지 않은 것들을 표현하며 경험해 보기로 했다. 계속해서 나 스스로와 대화를 나누면서 말이다.

막상 용기 내어 실천해 봤더니 터질 듯 빵빵하게 부풀려진 두려움이 불다 놓쳐 버린 풍선처럼 푸르륵 날아가 내 곁에서 사라져 버렸다. 오랜 시간 나를 힘들게 했던 두려움이 거짓임을 하나둘 경험하며 깨달았다.

하고 싶었던 것을 용기 내어서 해보는 것 또한 치유였다. 내 상상처럼 두려운 일은 일어나지 않았다. 행동해 보자. 그 무겁고 힘겨운 한 발짝을 내디뎠을 때 비로소 모든 두려움은 허상이었음을 가슴으로 알게 된다.

내가 깨달은 두려움을 결산하는 방법은 그것을 알아차리고 온전히 느끼는 것이 전부였다. 그것을 느끼지 않고자 얼마나 많은 시간을 회피하고 덜덜 떨어왔던지……. 두려움은 생각할수록 커지고 실천할수록 작아졌다. 두려움에서 벗어나고 싶다면 두려운 그것을 아주 작은 것부터 실천해 보자. 익숙했던 오래된 감정 패턴을 알아차리고 그 안전함에서 벗어나자. 내가 알고 있던 그곳만이 안전한 곳은 아니다.

싫어하는 그의 모습이 내 모습이었다

　스마트폰만 있으면 듣고 싶은 강의를 시간과 공간의 제한
없이 들을 수 있는 시대가 됐다. 힘이 빠질 때 좋아하는 강의
를 들으며 다시금 동기를 부여받던 내게 온라인 강의 소식은
선물같이 느껴졌다. 편하게 집에서도 양질의 강의를 들을 수
있다니, 아이를 맡겨야 하고 시간 내기 어려운 엄마들에게는
희소식이었다.

　그러나 한편으로는 사람들과 에너지를 나누며 직접 대면하
는 온라인 강의의 느낌이 그립기도 했다. 요즘은 오프라인 강
연이 어려워 아쉽지만, 온라인과 다르게 강사를 직접 만나 강
의를 들으면 훨씬 더 충전되는 느낌을 받았다. 책에 사인도 받
고 궁금했던 질문도 직접 하고 나면 다시 으쌰! 으쌰! 의욕이
솟았다.

　잠시 육아에서 벗어나 홀로 조용히 강의를 들으러 다니던
그 시간이 좋아 나는 마음에 와닿는 책을 읽고 나면 인터넷으

로 저자의 강연 일정을 꼭 검색해 보곤 했다.

몇 년 전 집 근처에서 소통강사 김창옥 강사님의 강의를 들었다. 90분 강의였는데 눈 깜짝할 사이에 시간이 지나가 놀랐던 기억이 난다. 마치 한 편의 연극을 보는 듯 김창옥 강사님의 이야기에 빨려 들어갔고 웃음이 빵빵 터져 배가 아플 지경이었다. 특유의 재치 있는 유머와 함께 묵직한 메시지들이 툭툭 던져졌고, 울다가 웃다가 정신을 못 차린 기억이 난다.

그 강의를 듣고 난 다음부터 김창옥 강사님의 완전 팬이 되었다. 그리고 유튜브 채널을 알게 된 후 김창옥 강사님의 강의를 모조리 찾아 듣기도 했다

강의 제목부터 등골이 오싹해 클릭하지 않을 수 없었던 강의 이야기를 해볼까 한다.

'싫어하는 그의 모습이 내 모습이다.'

앞서 이야기했듯 우리는 생각보다 '나'에게 관심을 두지 않는다. '나'에 대해 잘 모르는 경우도 많다. 나에 대해 어떻게 하면 좀 더 정확하게 모니터할 수 있을까? 이 강의에서는 그 방법 중 하나가 우리와 반대되는 처지를 경험해 보는 것이라 이야기한다.

골프 개인지도와 헬스 PT를 동시에 받게 된 김창옥 강사님 이야기.

자세부터 마인드까지 하나하나 지적하는 스타일의 골프 선생님과의 수업에서는 자꾸만 움츠러들고 기운이 없었다고 한다. 그와 대조되는 헬스트레이너는 의욕을 북돋아 주는 칭찬과 함께 기운의 주도권을 김창옥 강사님께 넘겨주었다고 한다. 헬스장을 다니며 처음으로 "어쩌면 이 운동을 오래 할 수도 있겠다."라는 마음을 느꼈으며 동시에 "나는 누군가에게 코치 역할을 어떻게 하지?"라는 생각을 하게 됐다고 한다. 그 경험을 통해 자신을 돌이켜 생각해 보니 자신 역시 다그치고 지적하던 골프 선생님의 스타일이었음을 알게 되었다고 한다.

사람은 자기가 좋아하지 않는 자기 안의 모습을 다른 사람에게서 볼 때 필요 이상으로 그를 미워하는 성향이 있다고 김창옥 강사님은 말했다.

앞서 아이들을 키우며 힘든 감정을 아이의 문제가 아닌 내안을 들여다보라고 이야기한 것과 연결되는 메시지였다. 이 강의를 들으며 소름이 끼쳤다. 그리고 내가 평소 필요 이상으로 싫어하는 타인의 모습들이 무엇이었는지 하나하나 되짚어 보았다.

나는 소위 '나대는' 사람을 싫어했다. 관심받으려 유독 튀는 행동을 하거나 주도권을 잡고 끌고 가려는 사람들을 만날 때마다 속으로 '왜 저렇게 나대냐'며 비난했고 눈살을 찌푸렸다. 곰곰이 생각해 보았다. 그 모습이 내 안에 있는 내 모습일까? 맞다. 질투의 감정이었다. 사실은 나도 그들처럼 용기 내서 관심받고 싶고 나를 드러내고 싶은 마음이 있었다.

아이가 감정표현을 확실히 하지 못하고 꺼이꺼이 감정을 삼키며 울 때면 가슴 깊은 곳에서부터 화가 치밀어 올랐다. 아이를 통해 비추어지는 내 모습이었다. 말로 표현하지 못하고 눈물부터 흘리는 답답한 나의 모습이 아이의 모습을 통해 보였기에 불편한 것이었다.

싫어하는 타인의 모습이 내 모습임을 인정하기란 쉽지 않다. 우리의 시선은 늘 외부로 향해 있어 내 눈에 내가 보이지 않기에 외부의 것을 통해 나를 볼 수밖에 없다. 그리고 보기 싫은 모습이 보일 때면 불편하다. 보통은 상대를 비난하며 탓하지만, 사실은 내 안에 억눌린 그 감정을 마주하기 힘들기에 불편한 것이다.

계속해서 말했지만 변화하기 위해서는 나를 잘 알아야 한다. 나의 모습을 알고 인정하면 우리에게 주어진 자유의지로 변화를 선택할 수 있다. 자각하고 인정하고 변화해 보자. 몰랐던 나에 대해 더 잘 알고 싶다면 용기 있게 마주해 보자.

내 속엔 내가 너무 많아서

내가 싫어하는 사람은 어떤 사람인가? 내가 싫어하는 모습은 어떤 모습인가?

싫어하는 그의 모습이 내 모습이다.

내가 선택했던 '무능함'

중학교 때부터일까. 어른이 되어 결혼해 가정을 꾸리고 아이를 낳는다면 정말 잘 키우고 싶다고 다짐했었다. 고등학교 때 우리 반에 전교 1등을 하던 친구가 있었다. 성격도 좋고 얼굴도 예쁘고 키도 크고 몸매도 날씬한 소위 엄친딸이었다. 심지어 학원도 안 다니며 혼자서 공부하는 그 친구는 마음이 바다같이 넓어 숙제도 잘 보여 주었다.

하루는 한국사 수업 때 조사해 와야 하는 숙제를 반 아이들이 대다수 해오지 않았다. 그래서 그 1등 친구의 숙제를 모두 같은 마음으로 베껴 썼다. 선생님께서 발표를 시킬 때마다 우리 교과서에는 모두 같은 답이 들어있어 킥킥거리며 발표자의 말을 속으로 줄줄 따라 읽었던 기억이 있다. 중학교 때 다짐했던 아이를 잘 키우고 싶은 마음을 그 친구를 보며 구체화했다. 아이를 낳는다면 저 친구처럼 바르고 예쁘게 키우고 싶다고.

친구들은 이런저런 직업을 찾으며 꿈을 키울 때도 내 꿈은 쭉 현모양처였다. 남편을 잘 내조하며 아이들을 잘 키우는 엄마이자 아내가 되고 싶었다. 화목한 가정 안에서 사랑을 듬뿍 받고 자라 모나지 않게 사랑을 나눌 줄 아는 그런 배려 깊은 아이, 자기 생각을 자신감 있게 표현하고 꿈을 찾아 세계를 누비며 훨훨 나는 그런 아이로 키워야겠다는 꿈을 키웠다.

어린 나는 왜 슬프게도 자신의 꿈은 성취할 수 없다고 단정하며 좋은 엄마이자 아내를 꿈꾸었을까? '나는 이미 늦었지.'라고 생각하며 미래의 아이를 그렇게 키우고 싶다고 다짐한 게 씁쓸하고 마음이 아팠다.

꿈꾸면 이루어진다더니 그렇게 몇 년 뒤 정말 내 꿈이 이루어진 걸까? 나는 고등학교 졸업 후 5년 만에 출산했다. 그리고 그 꿈은 더 확고해졌다. 화목한 가정을 이루고 사랑 넘치는 똘똘한 아이를 키워내겠노라 다짐했다.

큰아이가 8살 때쯤이었다. 아이가 조용하길래 뭐 하는지 들여다보니 책에서 보았다며 조물조물 타임머신을 만들고 있었다. A4용지에 평면도를 그리더니 자르고 붙여 가며 만든 입체 타임머신이었다. 아이가 만든 타임머신에는 과거와 미래로 가는 버튼이 있었다. 완성작품을 보며 뿌듯해하는 아이가 나에게 물었다.

"엄마, 이것 좀 봐! 내가 타임머신을 만들었어."

"우아! 진짜 멋지다. 이게 뭐야?"

"타임머신이야. 과거부터 현재까지 버튼을 눌러서 통할 수 있어."

"와! 대박, 이런 게 있다면 정말 좋겠다."

"그래? 엄마는 타임머신을 타면 언제로 가보고 싶어?"

아이의 쉽지 않은 질문에 한참 생각에 잠겼다.

"엄마는 중학생 때로 가보고 싶어."

"왜?"

중학생이라는 나의 대답에 아이는 호기심 어린 눈빛을 보냈다. 대답을 잘해 보려는데 나도 모르게 울컥 눈물이 났다. 동시에 빠르게 교복을 입은 중학생의 내 모습이 떠올랐다. 잘하는 게 아무것도 없고, 약한 나의 모습을 감추려 온갖 센 척만 하는 여리디여린 중학생 모습이었다. 아이를 낳아 잘 키우고 싶고 남편을 잘 내조하고 싶은, 화목한 가정을 꿈꾸는 중학생의 나에게 타임머신을 타고 가서 꼭 해 주고 싶은 말이 있었다.

'네가 미래의 아이에게 주고 싶은 그 사랑을 너 자신에게 주기로 선택해 봐. 너의 꿈속에서 훨훨 날고 있는 그 모습이 네가 될 수 있어. 지금은 잘 모르겠지만 사실 넌 유능하고 재능

이 많은 아이야. 네가 그것들을 선택한다면 이룰 수 있어.'

아무도 나에게 해 주지 않았던 그 말. 그때의 나에게 꼭 전해 주고 싶었다. 그렇게 아이에게 "엄마는 중학생 엄마를 만나 안아 주고 싶어"라고 대답한 뒤 눈물을 훔쳤다.

줄곧 '내 인생은 왜 되는 일이 없을까?' 하며 불평만 늘어놓으며 되지 않는 것들에 모든 초점을 맞추고 살았다. 그리고는 되지 않을 이유와 변명만 늘어놓기 바빴다.

공부도 못하고, 특별한 재능도 없다고 생각한 내가 꿈꿨던 대로, 일찍 결혼해서 아이를 낳았고 똑똑하고 사랑 많은 아이로 키우고자 부단히 애썼다. 최선을 다해 아이에게 해줄 수 있는 모든 것을 해 주려고 노력했다. 단 한 번도 나 스스로에게는 쏟아 본 적 없던 최선이었다. 아이에게 최선을 다하면서도 마음 한구석이 늘 헛헛했다. 헛헛함은 채워지지 않았고, 여전히 나 자신이 무능하게 여겨졌다.

스캇 펙이 쓴 『아직도 가야 할 길』이라는 책에 나오는 이야기이다.

수리를 잘하는 사람들을 대단하다고 여기던 스캇 펙은 이웃이 풀 깎는 기계를 수리하고 있는 것을 보며 얘기했다.

"참 장하시오. 나는 그런 종류의 일은 하나도 할 줄 모르는

데……."

칭찬의 말에 풀을 깎던 그 친구가 퉁명스럽게 대답했다.

"시간을 들여서 해보려 하지 않았기 때문이죠! 뭐."

이 이웃의 퉁명하고 간결한 대답은 나의 가슴에 '띵'하고 울림을 주었다. 자신을 스스로 무능하다고만 생각했던 내 생각은 진실이 아니었다. 이웃의 말대로 나는 시간을 들여 무언가 해보려 하지 않았다. 이미 잘할 수 없다고 단정 짓고 '내 아이들은 나처럼 살게 하지 말아야지' 하는 생각만 했다. 그렇게 모든 성취감을 아이를 통해서만 느끼려고 하는 나를 알게 되었다.

"그러나 이제는 내가 그렇게 된 것은 단순히 내 선택의 결과일 뿐, 내가 벌을 받아서라든지, 유전인자에 결함이 있어서라든지, 혹은 처음부터 무능이었다고 생각하지 않는다. 이제는 내게 시간을 들여 해볼 용의만 있다면 무슨 일이든지 해결할 수 있다는 것을 믿는다."

스캇 펙의 말처럼 모든 것은 내 선택의 결과였고, 그 익숙함에 '무능함'을 선택해 왔음을 깨달았다. 어쩌면 지금껏 그 선택으로 도전하지 않는 편안함을 누렸을지 모른다. 이제 나는

내 속엔 내가 너무 많아서

선택의 힘으로 내가 가고 싶고, 하고 싶은 그것들을 성취해 나아가려 한다. 어린 내가 믿었던 무능한 나는 진실이 아니었음을 알았으니 '선택'하고 시간을 들인다면 이뤄낼 수 있다는 걸 믿기에, 단순하지만 놀라운 이것을 깨닫고 나는 지금 이렇게 글쓰기에 도전하고 있다. 그렇게 무능한 나를 놓아준다.

'잘 가.'

사과하지 못했던 이유

"엄마도 전에 그랬잖아."

"엄마, 그건 잘못된 것 같아."

내 말이면 무엇이든 맞는다고 엄마의 모든 실수와 허점까지 사랑으로 감싸주던 아이들이었다. 그랬던 아이들도 한 해두 해가 지나며 자기들만의 생각주머니가 커졌고, 판단력과 분별력 역시 향상됐다. 엄마가 실수해도 엄마 말이 앞뒤가 맞지 않아도 '그렇구나!' 맞장구쳐 주었던 아이는 이제, 나의 행동과 언행의 모순을 콕콕 알아채기 시작했다.

아이가 논리적으로 자신의 견해를 이야기하고 엄마도 실수했음을 지적할 때마다 어이없게도 나는 아이를 상대로 싸웠다. 그런 상황이 벌어질 때마다 아이에게 어처구니없는 변명들을 횡설수설 뱉어 내며 유치하게 아이를 이기고 싶어 했다. 어린아이를 상대로 내 실수를 인정하는 것이 자존심 상했다.

내가 맞고 네가 틀렸음을 어떻게든 증명하고 싶었다.

아이의 숙제를 봐주다 내 실수로 채점을 잘 못한 경우에는 "네가 지우개질을 깨끗이 안 해서 엄마가 헷갈린 거지!"라며 핑계를 댔다. 비겁하고 유치하기 짝이 없던 순간들. 아, 솔직히 고백하고 있노라니 부끄러워 얼굴이 빨개진다.

왜 아이에게 그렇게 내 실수를 인정하는 것이 힘들었을까? 허술하고 빈틈이 숭숭 나 있는 '나'를 들키고 싶지 않아서였을까? 그 모습으로 버티고 있는 나를 바라보는 아이의 눈빛에는 원망이 서려 있었다. 사실 나는 그 눈빛을 느꼈지만 애써 외면했다.

두 남매가 놀고 있었다. 신나게 놀다가 어느 포인트인지 서로 마음이 엇나가서 아웅다웅 다투었다. 내가 보기엔 둘째가 실수를 하고는 아니라고 우기고 있는 모습이었다. 화가 났다. 지켜보다 결국 한마디 내뱉었다.

"하연아, 그냥 실수라고 인정하고 사과하면 되는 거 아닐까?"

이 말을 입 밖으로 내뱉는 순간, 매우 빠르게 아이의 모습에서 나의 모습을 보았다. 둘째 아이의 모습은 영락없이 비겁하게 변명하고 인정하지 않고 사과하기 싫어 꾸역꾸역 버티고 있는 나의 모습이었다. 나를 비춰 주는 녀석에게, 30년 넘도록 나도 하지 못하고 있는 것을 지적하고 있었다. 말로는 너무 쉽게 뱉어 낼 수 있는 '나의 실수를 인정하는 것'을 말이다.

내 모습을 마주하니 쥐구멍에라도 숨고 싶은 마음이 들었다. 5분 전으로 돌아가 내가 뱉은 그 말을 다시 주워 담고 싶었다.

아이들은 내 모습을 거울처럼 비추며 시시때때로 자각할 기회들을 던져 주었다. 아이의 행동과 언행이 불편하게 느껴진다면 아이의 모습을 통해 내 모습을 되돌아보자. '자신의 모습과 감정을 아는 것', 그것만으로도 변화될 수 있다고 한다. 우리에게는 선택할 힘이 있기에, 알고 나면 변화를 선택할 수 있다.

"엄마가 실수했네, 사실 엄마 실수할 때 엄청 많아, 나도 너랑 비슷해. 미안해."

터놓고 인정하고 아이에게 사과하는 게 죽도록 어려웠다.

내 아빠를 원망하는 데 오랜 시간을 보냈다. 제대로 가정을 돌보지 않는 무책임한 아빠의 모습에 분노했다. 우리 가정이 힘든 이유는 아빠 때문이라 생각했다. 아이를 낳고 부모가 되어 보니 눈에 넣어도 안 아플 내 새끼들을 키우며 '어떻게 그

내 속엔 내가 너무 많아서

렇게 무책임했을 수 있었을까.' 하는 생각에 더욱 아빠를 용서하지 못했다. 더욱 아빠에게 분노했다.

친정엄마가 오신 날 부엌에서 엄마와 도란도란 이야기를 나누고 있었다. 그날은 어쩐지 우리답지 않게 진지했다. 평소 잘 하지 않던 어린 시절에 대한 질문을 엄마에게 이것저것 물었고, 엄마 역시 진술하게 대답해 주었다. 나의 질문에 엄마는 눈물을 억누르며 답했다.

"엄마는 아빠를 선택해 결혼했지만, 너희가 무슨 죄가 있겠어. 고생했지? 해준 게 없어 미안한 마음이 커."

엄마의 눈을 보면 감정이 쏟아질 것 같아 애써 외면했지만, 사실은 듣고 싶던 말이었다.

"말하지 않아도 알아요."라는 유명한 로고송도 있지만 사실 말하지 않는데 어떻게 정확히 알 수 있을까? 나는 언어로 전달할 때 그 진심도 함께 전달되는 힘이 있다고 믿는다. 사과의 말을 내 엄마의 진심 어린 언어를 통해 들었던 날, 불안정한 가정 안에서 상처받고 외로웠던 마음을 어루만져 주는 듯한 치유의 기운을 느꼈다.

'엄마가 미안해.'

내가 그토록 아이들에게 하고 싶지 않았던 '미안해'라는 그 말은 내가 그토록 듣고 싶던 말이었다. 실수를 인정하고 사과하는 엄마가 되기를 또다시 다짐했다.

작은 아이들의 마음은 바다와 같이 넓다. "엄마가 진심으로 미안해." "엄마가 몰랐네." "엄마가 오해했어." 솔직하게 사과를 할 때면 아이들은 너무 쉽게 "괜찮아"라며 용서해 준다.

요즘은 아이들이 내게 서운했던 일들을 고백할 때마다 지체 없이 말해 준다.

"그랬구나. 엄마가 미안해."

실수를 인정하는 엄마를 보며 아이들은 배운다. 남매가 놀다가 다투기라도 한 날이면 서로에게 미안하다는 말로 토라진 마음을 전하며 풀었고, 언제 그랬냐는 듯 또다시 깔깔 웃는다.

그렇게 나는 아이들에게 실수를 인정하는 엄마가 되었다. 아이들에게 신과 같은 존재인 엄마도 실수할 수 있음을 알고 실수하고 사과하는 모습을 보고 자라는 아이들은, 스스로의 실수에 대해서도 관대해졌다. 잠들기 전이면 내게 서운했던 점이나 오늘 속상했던 일, 스스로가 실수했던 일을 고백하는 아이들이 되었다. 그리고 나는 아이들과 이야기를 나누는 그 시간이, 솔직한 아이들의 표현이 참 좋다.

이 글을 보며 때를 놓쳐 지나쳐 버린 미안한 마음이 떠오른 다면, 오늘 하루 그간 하지 못한 미안한 마음을 전해 보는 건 어떨까?

내 속엔 내가 너무 많아서

인정받고 싶었음을 인정하기

한때 인기 있던 증권사의 광고가 기억난다. 모두가 앞을 바라보고 "yes"라고 말할 때 한 명은 뒤를 바라보고 "no"라고 말한다. 그리고 "모두가 yes라고 말할 때 no라고 말할 수 있는 친구. yes도 no도 소신 있게"라는 광고문구가 나온다. 이 광고를 보던 그때의 나는 생각했다. '모두가 yes라고 하는데 왜 굳이 no라고 해?'

외부의 시선에서 자유롭지 못한 나는 나를 매우 피곤하게 했다. 뭐 하나 구입할 때도 액세서리 하나도 신발 하나도 유행하는 것을 착용하려 했고, 책을 살 때도 남들이 많이 읽는다는 베스트셀러를 골랐다. 옷을 좋아하고 책을 좋아한다고만 생각했지, 진짜 내가 좋아하는 취향은 무언지 몰랐다. 알려는 노력도 하지 않았다. 남들이 많이 하는 데에는 이유가 있다고 여겼다. 그렇게 진짜 내가 하고 싶은 것, 나의 내면이 원하는 것이 아닌 남들도 인정하는 것을 찾아 헤맸다. 남과 다른 나를 용납할 수 없던 나는 사람들이 향해 있는 방향을 쳐다보고 따르는 것이 편했다.

엄마와 아이가 긴밀한 애착을 쌓는 양육이야말로 내가 꿈꾸던 육아였다. 자신을 믿어주는 엄마와 자연스럽게 소통하고, 자신의 능력을 믿으며, 지성과 감성이 조화로운 아이. 그렇게 내 아이를 키우고 싶었다. 그것을 깨닫고 살며 처음으로 가정 보육을 선택한 내 모습에 나 자신도 적잖이 놀랐지만, 뿌듯함과 동시에 불안함도 공존했다. yes와 no의 갈림길에서 늘 갈팡질팡하는 초보 엄마였기 때문이다.

둘째를 임신하고 배부른 내가 첫째 아이의 손을 잡고 다니면 관심으로 포장된 불편한 말들을 들어야 했다. 때로는 나에 대한 연민의 마음으로, 때로는 이해하지 못한다는 마음으로 아니면 내게 엄청난 사연이 있겠거니 지레짐작하는 호기심 어린 눈빛으로 물었다. 정말 불편했다.
"아이고 엄마가 힘들겠네."
"어린이집 왜 안 보내요?"
심지어 내 손을 잡고 있는 애한테 직접 "엄마 힘드니까 어린이집 가야지."라고 말하는 무례한 사람들도 있었다. 불편한 소

내 속엔 내가 너무 많아서

리를 듣고 온 나는 집에 돌아와 애꿎은 남편에게 성질을 냈다.

내 선택이 맞는 건지 나조차도 알 수 없었기에, 사람들의 지나가는 말 한마디에도 흔들렸고 과민반응했다. 불편한 마음이 올라올 때마다 나는 책을 들췄다. 내가 듣고 싶은 말을 책 속에서 찾았다. 그렇게 책을 뒤적이며 나의 내면도 뒤적였다.

'나 지금 또 불안하구나.'

웨인 다이어의 저서 『아이의 행복을 위해 부모는 무엇을 해야 할까』(『모든 아이는 무한계 인간이다』 개정판)에는 이런 구절이 나온다.

"다른 사람의 인정에 연연해하지 않도록 가르치는 과정은 아주 어릴 적부터 시작할 수 있다. 누가 자기에게 욕을 했다고 불평을 늘어놓고 있을 때, 욕을 한 아이를 나무라기보다는 '그 애가 너를 바보라 생각하고 있으면 너는 정말 바보가 되는 거니?' 하고 말해 줘라. 욕설을 듣거나 혹은 바보로 놀림 받는 것이 진정 의미를 지니게 되는 것은 이쪽이 그것을 받아들일 때뿐이라는 사실을 아주 어릴 때부터 깨우쳐줘라. 그런 종류의 욕을 무시하도록 가르쳐라. 그러면 타인의 인정에 집착하지 않을 뿐 아니라, 사람들의 근거 없는 욕설이나 비난 따위에 신경을 쓰지 않는 사람으로 성장할 수 있다."

외부로 향해 있던 나의 시선을 내부로 돌리기까지는 쉽지 않은 시간이었다. 남들은 툭 던진 말이었을지라도 나는 상처받았고, 그 말을 붙들고 불안해했다. '내 선택이 맞아. 옳아'라는 외부로부터의 인정을 받고 싶었다.

부들부들 화가 난 날에는 어떻게 되받아칠까, 어떤 말로 코를 납작하게 해줄까 유치하게 고민하던 날들도 많았다. 내가 나를 인정하지 못했기에 외부에서 듣는 말들에 과민하게 반응할 수밖에 없었다.

이 구절을 읽고 타인의 시선과 언어로부터 내가 자유로워지는 방법은 사실 너무 단순해서 허무함마저 느꼈다. 단단한 멘탈은 나를 인정하고 믿는 것에서부터 시작한다는 것을 알게 됐다. 그냥 내 선택을 믿고 나의 길을 가는 것. 나의 삶, 나의 양육 방식에 태클을 거는 말들은 흘려보내 버렸다(사실 태클이라고 느낀 것도 나의 생각일 뿐일지 모른다). 내가 아니면 된 거니까, 내가 확신하면 된 거니까 구구절절 대꾸할 이유도 에너지를 쏟아가며 인정받을 이유도 없었다. 그렇게 나는 아이를 키우며 더 단단해졌다.

아이에게 배우는 엄마

너는 이미 알고 있구나

큰아이는 어려서부터 유독 잠이 없었다. 여느 날과 다름없이 둘째가 먼저 잠이 들고 12시가 훌쩍 지난 시간, 잠들 생각 없는 큰아들이 늦은 시간에 퍼즐을 하겠다고 꺼냈다. 그 옆에서 나는 조용히 빨래를 널고 있었다. 빨래를 널고 있는 내게 아이가 물었다.

"엄마, 사람은 누구나 장단점이 있지?"

"그럼!"

"엄마가 생각하는 내 장점은 뭐야?"

뜬금없이 묻는 아이의 질문에 신중하게 답해 주었다.

"넌 장점이 너무 많은데, 일단 배려심이 많지. 그리고 이해력도 좋고, 몰입도 잘해. 집중력이 좋아서 퍼즐에 푹 빠져 집중했지. 그리고 끈기도 있어서 한다면 하지. 지금도 봐봐, 끝까지 완성하고 잘 거라고 하잖아. 장점이 너무 많아."

나의 대답이 만족스러웠던지 뿌듯해하는 아이가 퍼즐 한

조각을 고민하며 다시 물었다.

"그럼 단점은?"

"단점? 음……."

단점을 어떻게 말해줘야 할지 고민스럽던 차에 아이가 먼저 이야기했다.

"엄마, 내 단점 내가 알 것 같아. 나 잘 까먹는 것, 건망증!"

'오, 잘 알고 있네.'라는 마음의 소리가 입 밖으로 튀어나올 뻔해 손으로 입을 틀어막았다.

"그렇게 생각해? 근데 엄마도 정말 잘 까먹어. 물건을 눈앞에 두고도 한참 찾고, 방금 하려던 말도 잘 까먹고 그래. 엄마는 건망증을 해결하려고 메모하는 습관이 생겼어. 단점을 고쳐 보려고 좋은 습관이 생긴 것 같아."

다시 한참 퍼즐에 몰입하는 아이에게 문득 묻고 싶어졌다.

"그럼 은호가 생각하는 엄마의 장단점은 뭐인 것 같아?"

아이가 무어라 대답해 줄까, 매우 궁금했다.

"엄마는 화를 잘 안 내는 게 장점이야."

아이의 말에 심장이 '쿵!' 하고 울렸다. 빨래를 널다 생각지도 못한 아이의 대답에 코끝이 찡해졌다.

아이들이 어렸을 때 도저히 통제되지 않는 내 감정선에 정말이지 미쳐버릴 것 같은 적이 있었다. 평생 큰소리 내며 화

아이에게 배우는 엄마

한번 못 내고 꾹꾹 누르고 누르던 내 감정이 아이들에게로 펑 터져 버렸다. 작고 여린 아이들에게 소리치는 내 모습에 '내가 미친년이구나!' '정신병이구나!' 확신하기를 수백 번, 고이 잠든 아이를 보며 눈물로 자책하던 나날들이 스쳐 지나갔다.

도대체 어떻게 하면 화내지 않고 아이에게 마음을 잘 전할 수 있는 것인지 '화 안 내는 방법'이 있는 육아서란 육아서는 죄다 찾아 읽으면서도, 매일같이 화내고 사과하기를 반복하던 날들이었다. 그런 나란 엄마도 괜찮았던 건지, 엄마의 애씀을 알아주듯 아이는 엄마의 장점으로 화를 잘 내지 않는 엄마라 꼽아 주었다. 고맙고 가슴이 뭉클했다. 기대도 하지 않았던 아이의 말에 큰 위로를 받았다.

"음, 그리고 단점은 엄마가 내가 말할 때 못 봤으면서 본 듯이 말하는 거야."

감동도 잠시, 순간 뜨끔했다. 워낙 말이 많고 설명하기를 좋아하는 아이이기에 들어 주는 것에 한계가 올 때면 건성건성 몰라도 아는 척, 못 봐도 본 척하며 대꾸해 줬다. '경청'이 얼마나 중요한지를 알면서도 쉴 새 없이 쫑알대는 아이의 이야기를 매 순간 경청하는 것은 신의 경지에 이르는 일이었다. 대충 나와 타협하며 쫑알대는 아이의 이야기에 영혼 없이 반응했다는 걸 아이는 너무 잘 알고 있었다.

"네가 그렇게 느꼈다면 미안해."

무심하게 대답했지만, 아이의 솔직한 대답에 위로받기도, 놀라기도 한 날이었다.

아이들의 시선은 늘 엄마를 향해 있다. 엄마를 관찰하며 많은 것들을 보고 배운다. 엄마의 행동 아주 작은 것까지도. 그러다 보니 아이들은 엄마의 눈빛과 감정을 읽는 데에는 천재적이다.

"우리 애는 밖에서 있던 일 나한테 말 안 해."라고 말하는 엄마들을 많이 만났다. 아이의 성향도 있겠지만, 아이들은 공감받을 때 신이 나서 엄마에게 더 많은 속 이야기를 한다. 역지사지로 공감받지 못할 상대에게는 나도 내 이야기를 하지 않는 것처럼 말이다. 판단과 훈육이 아닌 아이의 이야기에 온전히 공감해 보자.

아이와 오랜 시간 진솔한 대화를 나누고 싶다면, 아이의 이야기에 귀 기울이자. 아이들은 우리가 생각하는 것 그 이상을 느끼고 있다. 엄마가 내 이야기에 경청하며 공감해 주는지 아닌지를.

나만 잘하면 되는 놀라움

우리 집 아이들은 온 집 안을 휘저으며 놀이터 삼아 어지르고 난장을 피우는 게 일상이다. 매일 치우고 정리해도 어질러지는 집 안을 씩씩거리며 치우기를 반복했다. 내려놓고 내려놓아도 나는 여전히 깔끔한 공간이 좋았다. 정돈된 공간에서 기분이 상쾌해졌다.

아이들 방학이 끝나고 개학하던 날, 꾹 누르고 있던 청소 하고 싶은 욕구를 마음껏 펼쳤다. 날씨도 맑고 해도 좋아서 밀린 빨래도 하고, 아이들 등교시키고 룰루랄라 청소하며 점점 깨끗해지는 거실을 보며 내 마음도 깨끗해졌다. 기분 좋게 치워놓고, 혼자만의 시간을 즐기고 나니 금세 아이들이 돌아왔다.

"와, 엄마 집 진짜 깨끗하다!"

손님처럼 이방 저방을 돌며 집 안 구석구석 구경하며 좋아하는 아이들, 어지르기 대장 딸아이도 나에게 와 한마디 한다.

"엄마, 진짜 정돈된 집을 보니까 되게 좋다. 마음이 엄청 개

운한 것 같이 느껴져."

아무 말도 하지 않았는데, 엄마인 내가 기쁜 마음으로 행동하고 행복 에너지를 마구 뿜어대니, 아이들 역시 내가 느낀 그 에너지를 그대로 느끼고 있는 듯했다.

저녁 준비를 하는데, 수다쟁이 딸아이가 조용했다. 조금 뒤에 "엄마, 이리 좀 와 봐" 하고 나를 불러 가보니 '헐!' 아이가 원하지 않아 한참을 정리하지 못하고 있던 트리와 장식들을 종류별로 분리해 야무지게 정리해 놓았다. 트리에 짤랑짤랑 달아 놓은 장식품들은 물티슈로 일일이 닦아 종류별로 분리해 포장 비닐에 넣어 놓았고, 그 모든 것을 한데 모아 사이즈가 적절한 쇼핑백에 쏙 담아 정리해 놓았다. 그리고 트리가 올려져 있던 서랍장 위 액자까지 보너스로 깨끗이 닦아 예쁘게 꾸며 놓았다. 아이의 행동에 진심으로 놀라 입이 떡 벌어져 쳐다보니 흐뭇하게 날 바라보았다.

법륜 스님이 쓴 『엄마 수업』이라는 책에는 이런 구절이 나온다.

"어릴 때부터 종의 습성이 들면 비굴해지고, 주인의 습성이 들면 당당합니다. 그래서 아이에게 이래라저래라 할 거 없이 행동으로 보여 주는 게 제일 좋습니다. (생략) 아이가 세 살에서 초등학교 시기에는 부모를 따라 배우면서 말과 행동, 생활

습관을 익힙니다. 따라서 부모부터 자신을 돌아보고 바르게 행동해야 돼요. 피아노 학원, 태권도 학원, 그 밖에 이런저런 학원에 많은 돈을 들여서 보내는 것이 중요한 게 아니에요. 부부가 화목해서 아이의 정서를 안정시키고, 부모가 모범을 보여서 아이가 자연스럽게 배우게 하는 것이 가장 훌륭한 교육이라는 사실을 알아야 합니다."

평소 잠자리를 준비하며 '정리하자'라는 나의 말에 온갖 꾀를 부리며 정리하기를 귀찮아하던 아이였는데, 이날의 아이 행동을 통해 다시 한번 가슴이 찌릿하게 알아차렸다. 아이의 행동을 어떻게 교정해 줄까, 어떻게 좋은 습관을 길들여 줄까를 고민하는 것은 그렇게 중요하지 않다는 것을. 내가 기쁨으로 행동할 때 아이들은 놀랍게 에너지를 느끼고 나의 행동을 모방한다.

'청소'라는 당연할 수도 있는 작은 행동도 이렇게 기쁨으로 모방하는 아이들을 보며 내가 '나의 삶' 자체를 기쁨으로 살아간다면, 얼마나 멋진 삶을 살아갈지, 생각만으로도 가슴이 벅차올랐다. "엄마가 행복해야 아이가 행복하다."라는 수없이 듣던 그 말이 사소한 일상을 통해 가슴으로 쿵 하고 내려 온 순간이었다.

'나'를 위해 그리고 '나'를 보고 크는 내 아이들을 위해 나에게 더 집중해야겠다. 내가 좋아하는 일을 하며 기쁘게 나의 삶을 살아가야 함을 배웠다. 아이들은 기쁘고 당차게 살아가는 엄마의 에너지와 함께 공존하며 모방으로 배운다. '나만 잘하면 되는 놀라움'을 아이를 통해 다시 배웠다.

오늘 수업은 '용기'입니다

아이들이 둘 다 독감에 걸려 집에서 며칠을 푹 쉬어야 했던 때가 있었다. 독감에 걸린 것도 처음이고 심지어 두 아이가 동시에 아픈 것도 처음이었기에 아이들을 간호하며 내 몸이 하나인 것이 안타까웠다.

큰아이보다 둘째 아이가 열이 더 올랐던 터라 계속 잠을 자며 회복하는 상황이었다. 평소보다 고요한 집안 분위기에서 회복하고 있는 첫째와 대화를 많이 나누었던 날이었다. 큰아이와 나는 단둘이 조용히 밥을 먹고 마주 앉아 간식거리도 먹으며 이야기를 나눴다.

큰아이는 밥상을 차리면 꼭 책을 들고 왔다. 책보며 먹는 밥이 꿀맛이라나 뭐라나. 이순신 책을 읽으며 밥을 먹는 아이를 가만히 쳐다보다 질문했다.

"네가 생각하는 이순신 장군님은 어떤 분이야?"

툭 던진 나의 질문에 아이는 고민 없이 대답했다.

"용기 있는 분이지."

"오 그래, 갑자기 묻고 싶은 질문인데, 너는 용기 내기를 막는 마음이 뭐라고 생각해?"

두 번째 질문을 받은 아이는 첫 번째와 달리 한참을 생각하고 있었다. 나는 순수하고 맑은 대답을 듣는 것이 좋아 아이들에게 자주 질문을 하는 엄마다. 고민하는 아이의 눈빛을 바라보며 어떤 답변이 올까 내심 기대가 되었다.

"음…, 두려움 아닐까?"

아이들은 때로는 놀라울 정도로 현명한 답을 주었다. 내가 아이들에게 질문하는 것을 좋아하는 또 다른 이유이다.

"와! 맞네, 진짜. 그럼 혹시 너도 두려움을 깨는 용기를 내본 적이 있니?"

아이는 엄마의 격한 반응에 신이 난 듯 눈을 반짝이며 들뜬 몸짓으로 자신의 경험담을 마구 풀어낼 준비를 했다.

"응, 나 최근에 알약을 먹는 것도 목에 걸릴까 봐 엄청 두려웠거든. 근데 조금씩 연습하다 보니까 지금은 잘 먹게 됐지. 엄마가 없을 때도 조금 불안했는데 이젠 괜찮아졌어. 혼자 자는 것도 이젠 하나도 안 무서워"

아이의 순수한 대답에 미소가 지어졌다. 어른인 나에게는 아주 사소한 것이어서 생각지도 않았던 일들이 아이에게는 두려움을 깨고 용기를 내야 하는 순간이었다니…….

이미 겪어봤고 별것 아니라며 아이의 감정을 축소시키는 것을 주의해야 한다. '별거 아니야, 그거'라는 어른 관점의 언어가 아닌 아이의 시선으로 낮춰 용기를 불어넣어 주는 말들을 해 주어야 한다. 아이는 아주 사소해 보이는 것부터 담대한 일들까지 용기를 내어 행동하며 두려움을 뚫고 경험하며 살아가는 중임을 잊지 말자.

전업주부라면 한 번쯤 아이들을 다 키우고 나면 뭘 할 수 있을까 고민해 봤을 것이다. 나 역시 그 고민을 꽤 오랜 시간 했다. 아이를 키우면서도 '나'의 삶에 대한 방향을 찾아가며 준비하고 싶었다. 나는 용기 내며 행동하는 삶을 간절히 원했다. 이제는 본격적으로 행동하며 세상 밖으로 나가고 싶다. 아이가 삶에서, 많은 순간 용기를 내 배우는 것처럼 나도 두려움을 깨고 용기 있게 행동하는 모습으로 살아갈 것이다.

"은호야, 엄마도 너처럼 용기 있는 삶을 살고 싶어."

나의 대답에 아이는 싱긋 웃어 보였다. 그리고 지금 아이들이 잠든 밤, 컴퓨터 앞에 홀로 앉아 용기를 내어 키보드를 두드린다.

내가 어디가 그렇게 좋아?

내가 머리를 3일 동안 안 감아도, 후줄근한 옷을 입고 꺼칠하고 푸석한 얼굴을 하고 있어도, 아침마다 아이는 웃으며 나를 맞이해 주었다. 아이의 사랑에는 조건이 없다.

큰아이가 8살이 될 때까지 나와 큰아이와 둘째까지 우리 셋은 거실 바닥에서 뒹굴고 부대끼며 함께 잠을 잤다. 내게 찰싹 붙어 잠든 아이들을 옆으로 데굴데굴 굴려 떨어뜨려 놓아도 아침이 되면 어김없이 샌드위치가 되어 양쪽에서 날 끌어안고 있다. 자다가도 엄마 냄새를 찾아 자석처럼 내 곁으로 오는 아이들. 아침에 눈을 뜨면 부스스한 모습으로 미소 짓는 아이들.

"너희는 어쩜 아침에 눈 뜨자마자 미소를 짓니?"

아침이 오면 찌뿌둥한 몸을 겨우 일으켜 또 쳇바퀴 도는 하루를 툴툴대며 시작하는 나에게 아이들은 아침마다 환하게 빛나는 미소를 지어 주었다. 환한 미소로 아침을 시작하는 아이들 모습이 신기할 따름이었다. 나는 그 미소에 덩달아 기분이 좋아졌다.

머리는 부스스하고 퉁퉁 부은 얼굴 모습마저 어찌나 사랑스러운지⋯⋯. 누가 나의 아침을 이렇게 사랑스러운 미소로 맞이해 줄까? 이 녀석들은 도대체 내가 어디가 그렇게 좋을까?

아이들은 "엄마! 엄마!" 불러가며 서툴고 어설픈 초보 엄마에게 온몸으로 사랑을 표현해 주었다. 내가 부엌에 가면 부엌으로 쪼르르, 내가 화장실에 가면 화장실로 쪼르르, 내가 눈에 보이지 않으면 언제나 날 찾았다.

그렇게 존재 자체로의 사랑을 아이들은 나에게 쏟아부어 주었다. 어떤 상황에서건 어떤 모습이건 나를 사랑한다고 내 품에 안겼다.

야속하게도 시간은 빠르게 흘렀고 아이들은 이제 내 품에 안겨 잠들지 않는다. 초등학생이 된 아이들은 엄마가 눈에 보이지 않는다고 시시때때로 찾지도 않는다. 스스로 할 일들을 하고, 내게서 한 발짝 독립해 커 가고 있다.

그럼에도 아직은 여전히 엄마와의 연결을 원하는 아이들이다. 잘 놀다가도 내가 조용히 책을 보고 있으면 옆에 쪼르르 붙어 꼬물꼬물 만들기를 한다.

"엄마, 안아 줘." 하며 아들 녀석도 여전히 아기처럼 내 품에 안기는 걸 좋아한다. 아이들에게 받은 사랑의 크기를 어찌 글로 다 표현할 수 있을까.

눈 깜짝할 사이에 아이들의 유년기가 훌쩍 지났다. 다시는 돌아오지 않을 시간이라는 것이 가슴을 시큰하게 할 때가 많았다. 더 많이 안아 주지 못해 더 많이 포용하지 못한 아쉬움만 남았다.

'자식은 태어나서 4살 이전에 부모에게 평생 할 효도를 다한다'고 한다. 아이들이 주는 무조건적인 사랑은 이미 내 사랑 바구니에 흘러넘치게 담아두었다. 사춘기가 되고, 성인이 되어 내 품을 떠날 때, 이미 아이들에게 넘치게 사랑받았음을 새길 것이다.

큰아이는 유독 '엄마 껌딱지'였다. 섬세한 아이는 낯가림도 심했고 남자 어른들의 굵은 목소리에 눈물을 곧잘 흘렸다. 아이가 4살 때, 결혼식장에 가서 남편 친구들을 보고는 어김없이 울고불고하며 내 품에만 찰싹 붙어 있던 녀석이었다. 그랬던 꼬꼬마가 8살이 된 후 언제 그랬냐는 듯 뜬금없이 나에게 선포했다.

"엄마, 나 오늘부터 혼자 잘게"

놀랐다. 아이들이 늘 내게 딱 붙어 자는 것이 불편하고 아침마다 찌뿌둥함에 '이 녀석들은 언제 독립해서 혼자 자려나.' '나는 언제쯤 편하게 침대에서 자려나.' 하고 생각했지만, 막상 아이의 잠자리 독립선언을 예고도 없이 듣고 나니 시원섭섭한 마음이 들었다. 엄마가 눈치채지도 못하는 사이 다 커서 독립을 선언했다. 생각한 것 이상으로 그 속도는 빨랐다.

다시 오지 않을 그때의 나와 아이들이 가끔 그립다. 아이가 원할 때 엄마는 온몸으로 가슴을 열어 주자.

원 없이 안아 주고 원 없이 비비대자. 지나고 보니 그 순간은 결코 길지 않다.

"엄마, 이제 나 혼자도 할 수 있어요."라며 내 품을 떠나 자신의 삶을 살아갈 때 후회 없이 아이의 독립을 축복해 주는 엄마가 되고 싶다. 그러기 위해 여전히 엄마가 최고라고 말해 주는 아이들의 사랑을 아주 많이 저장해 두려 한다.

'사랑 바구니에 쌓인 조건 없는 그 사랑을 절대 잊지 말아야지.'

산타할아버지는 우는 아이에게도

"울면 안 돼. 울면 안 돼. 산타할아버지는 우는 아이에게 선물을 안 주신대요"

이 캐럴은 나의 어린 시절부터 지금까지 여전히 사랑받는 캐럴이다. 크리스마스만 되면 친구들과 맞잡은 손을 앞뒤로 흔들며 이 노래를 흥겹게 부르던 기억이 난다. 어린이들에게 사랑을 베푸시는 산타할아버지는 왜 우는 아이에게는 선물을 안 준다고 한 걸까? 어린 나는 산타 할아버지에게 선물을 받고 싶어 눈물이 날 때면 꾹 참아야 했다.

눈물 흘리는 게 부끄러웠던 내가 엄마가 되자, 시도 때도 없이 울음으로 표현하는 아이들이 힘들고 벅찼다. 우는 것보다 한층 더 강력한 것이 있었으니 우는 것도, 말하는 것도 아닌 징징거리는 소리다. 이러나저러나 언제나 '눈물'은 나에게 숙제 같은 존재였다.

나의 남편 또한 눈물을 힘겨워하는 사람 중 한 사람이었다.

아이들의 눈물은 물론이고, 드라마를 볼 때, 노래를 들을 때에도 자주 훌쩍이며 눈물을 보이는 나조차 이해해 주지 못하는 사람이었다. 부부싸움을 할 때도 울면서 이야기하는 내게 항상 울지 말고 말해 달라고 여러 번 부탁하던 남편이었다. 그게 내 뜻대로 조절되었다면 이렇게 눈물을 숙제처럼 느끼진 않았을 터이다.

최희수 작가님의 책『사랑하는 아이에게 화를 내지 않으려면』에는 이런 구절이 있다.

"슬픔은 과거를 떠나보내고 현재를 살 수 있도록 치유해 주는 감정입니다. 울고 싶을 때 우는 아이처럼 슬플 때는 많이 울어야 병에 걸리지 않습니다."

나는 눈물에 대한 정의를 이 책을 통해 다시 알게 되었다. 눈물은 부끄러운 것도 아니었고 참아야 하는 것도 아니었다. 눈물의 큰 치유의 힘을 깨닫고 눈물이 많은 나를 힘들어하는 남편에게 어느 날 용기를 내어 눈물 선포를 했다.

"오빠, 눈물에 치유의 힘이 있대. 오빠 만나고 아이를 키우다 보니 내 감정이 상처와 맞닿아 가뜩이나 많은 눈물이 자꾸 더 나. 앞으로 치유의 눈물을 자주 흘릴 예정이니 내 눈물에 너무 신경 쓰지 않아도 돼. 오빠 때문이 아니니까. 앞으로 나는 더 자주 울 예정이야."

내가 울면 자신이 무언가 잘못한 사람 같다고 느낀다는 남편 역시 나의 눈물 선포 이후 큰 의미를 두지 않으려 하는 듯 보였다. 나오려는 눈물을 참을 때 오히려 온몸이 경직되고 머리까지 지끈지끈 아프다. 엄마 품에 안긴 아이처럼 마음껏 엉엉 울어 본 사람은 울고 난 뒤 속이 후련해짐은 물론 온몸에 긴장까지 쭉 풀리는 기분을 알 것이다.

슬픔이 몰아쳐 올 때, 눈물이 흐를 때, 안전한 장소에서 눈물이 스스로 멈출 때까지 실컷 울자. 감정의 찌꺼기는 눈물과 함께 흘러갈 것이다. 눈물이 날 때 실컷 울며 감정을 토해 내는 법을 알고 나니 듣기 힘겹던 아이들의 징징거리는 소리도 내 감정을 날카롭게 건드리지 않았다. 표현하는 방법이 서투른 아이이기 때문에 안전한 엄마에게 징징거림으로 마음을 표현하는 것임을 있는 그대로 바라볼 수 있게 되었다.

둘째가 노래 영상을 틀어놓고 노래를 부른다. 종일 흥얼흥얼 노래를 부르는 흥이 많은 아이이다. 하루는 아이가 틀어놓은 영상을 옆에서 구경해 보았다. 신비아파트라는 만화 속 캐릭터들이 나와 노래를 부르고 있었다. '울면 안 돼' 캐럴이다.

노래가 나오는 중간에 갑자기 신비아파트 주인공인 신비와 금비가 짠! 하고 나타나 이야기했다.

아이에게 배우는 엄마

"뭐? 그런 게 어디 있어!"

"그래, 울고 싶을 땐 울어야지"

콩트처럼 대화를 주고받고 나서는 다시 노래를 시작했다.

"울어도 돼. 울어도 돼. 산타할아버지는 모든 아이를 똑같이 사랑하신대."

둘째가 이 노래를 흥겹게 따라 부르는데 나도 덩달아 기뻤다.

"엄마, 이 노래에서 엄마가 했던 이야기랑 같은 말을 한다. 울어도 된대."

"그럼, 울어도 되지. 우는 건 좋은 거야."

함께 듣던 나도 신비아파트 노래에 감동했다. 산타할아버지는 우는 아이도 똑같이 사랑하시며, 선물을 주신다는 노래에 말이다.

안전한 장소에서 마음껏 눈물을 흘리며 치유의 감동을 느껴 보길 바란다. 마음껏 울어 본 엄마는 울고 싶은 내 아이에게도 안전한 품을 허용하고 위로해 줄 수 있게 될 것이다.

'아이고, 속상했구나. 엄마 품에서 마음껏 울어도 돼.'

"이것을 알라. 정작 피해야 하는 일은 쏟아 내어야 할 눈물이 충분히 빠져나오기 전에 울음을 억지로 멈춰버리는 것이다. 30분 동안 울어야 할 울음을 20분에 그치지 마라. 눈물이 전부

빠져나오게 두라. 그러면 스스로 멈출 것이다."

  • 엘리자베스 퀴블러 로스·데이비드 케슬러, 『상실 수업』
    중에서

끈기를 알게 해준 '놓아 버림'

어려서부터 무언가에 몰입해 끝까지 매달려 본 적이 없었다. 한마디로 끈기가 없었다. 안 될 것 같으면 누군가에게 의지했고, 스스로는 해결할 수 없다고 여기며 쉽게 포기해 버렸다. 해결하지 못한 일에 대해 찜찜함을 끌고 가는 불편한 감정들이 익숙했다. 나의 한계를 뚫고 도전하는 것보다는 포기하고 나의 무능함을 탓하는 편이 내겐 훨씬 친근한 일이었다.

이런 나에게 아주 혹독하게 끈기를 알려 준 것이 있었다. 육아다. 두 아이가 모두 등원하던 해, 내가 6년이라는 시간 동안 아이와 껌딱지 육아를 끝냈다는 것이 뿌듯했고 감격스러웠다. 내가 나에게 엄청나게 기특하다고 칭찬해 주었다. 그리고 깨달았다. 나도 하려고 마음먹으면 할 수 있는 사람이라는 것을 말이다.

육아를 통해 끈기를 배운 나는 어떤 일을 하든 잘할 수 있을 것 같은 자신감이 생겼다.

요즘 나는 새로운 일들에 도전하고 있다. 지금 하고 있는 글쓰기는 물론이거니와 유튜브 채널도 개설해 운영하고 있다.

컴맹에 기계치인 내가 영상 편집을 한다며 기기를 붙잡고 씨름하고 있는 나날의 연속이다. 다행히 그 과정이 재미있다. 새로운 영상을 업로드하기 위해 마음을 잡고 편집하는 일에 집중해 보았다. 3시간을 집중하고서야 5분짜리 영상을 완성했다. 힘들게 완성한 귀한 영상을 얼른 업로드하고 싶은 마음이 앞섰다. 급하게 영상을 옮기려 하니 알 수 없는 문제로 자꾸 전송이 끊겨 버렸다. 처음엔 단순한 오류이겠거니 싶었는데 두 번 세 번 똑같은 현상이 계속 반복됐다. 뭐가 문제인지 고민하며 머리를 쥐어뜯고 이것저것 만져 보다 결국 완성된 편집 영상까지 싹 다 날려 버리는 실수를 했다.

마음의 온도가 떨어져 싸늘해졌다. 영상이 삭제된 걸 알게 된 순간, 순식간에 모든 것이 정지상태가 되었다. 정신을 차리고 돌이킬 수 없다는 것을 깨달은 나는 솟구치며 끓어오르는 흥분의 감정에 힘이 들었다. 아이들만 자고 있지 않았더라면 핸드폰을 집어 던지고 베개를 두드리며 마구 소리를 질렀을 터였다. 그리고 그 찰나의 시간에 나는 나를 바라보았다. 엄청나게 비난하고 자책하고 있는 나 자신의 모습이 보였다.

'바보, 알면서도 또 실수 했냐! 어휴 머저리! 니가 하는 일

아이에게 배우는 엄마

이 그렇지 뭐. 시간 낭비만 했네. 때려쳐!!!'라며 자비 없이 자신을 비난하고 있는 나를 알아차렸다. 알아차렸다면 멈출 수 있다.

STOP. 이내 심호흡을 했다. 후유, 눈을 감고 심호흡에 집중해 보았다. 이만하고 알아차리기를 다행이었다. '그럴 수 있지, 실수일 뿐이잖아. 몰랐으니까. 처음이니까.' 한 발짝 떨어져 자신을 비난하고 있던 나를 바라보았다. 그런 나를 다독여 주었다. 놀랍게도 흥분되어 날뛰던 마음이 가라앉았다.

예전의 나라면 문제를 두고 자기 전까지 실수를 자책하며 뒤척였을 것이다. 그러나 이제는 알고 있다. 불편한 감정에 휩싸인 뒤척임이 귀한 내 에너지를 갉아먹는다는 것을, 마음을 비우고 털어내기를 선택하는 것이 현명하다는 것을 말이다.

자신의 마음을 알아차릴 수만 있다면 우리는 누구나 불편한 감정을 놓아 버릴 것을 선택할 수 있다. 여전히 가슴 한구석에 찜찜한 아쉬움이 있지만 나를 스스로 달래고 긍정으로 전환하려 했다. 잠자리에 누워 다이어리를 펼치고 감사한 마음에 초점을 맞췄다.

'두 번이나 같은 실수를 반복했으니 이 실수에 대해서 완전히 배울 수 있음에 감사합니다. 같은 영상을 두 번 편집하게 되니 내일이면 더 재밌게 완성본이 나올 수 있을 거라는 생각

의 전환에 감사합니다. 자책을 멈추고 긍정으로 초점을 맞추는 나 자신에게 감사합니다.'

그렇게 나는 감사 일기 한 편을 마음으로 쓰고 뒤척임 없이 편안하게 잠이 들었다.

데이비드 호킨스 박사님의 『놓아버림』 책에는 이런 구절이 나온다.

"받아들임의 수준에서는 뜻대로 현재에 존재할 수 있다. 자신의 참된 본질을 받아들이고 우주의 작동 방식도 세상에 반영된 그대로 받아들이고 나면, 더 이상 과거를 후회하지 않고 미래를 두려워하지 않는다. 과거가 치유되었을 때 미래에 대한 공포는 더 이상 존재하지 않는다. 통상의 에고 지향적 의식 상태에서 에고는 과거를 미래에 투사하는 경향이 있다. 그래서 부정적으로 여기는 과거를 상상 속의 미래에 투사하고는 두려움을 느낀다. 죄책감과 공포, 분노, 자부심의 낮은 에너지를 놓아 버리면 과거의 무게가 가벼워지고 미래의 구름이 걷힌다. 낙관적으로 오늘을 맞이하고 살아 있음에 감사를 느낀다. 과거는 끝났고 미래는 오지 않았으니, 우리에겐 오늘만 존재함을 안다. 요컨대 받아들임의 의식 수준은 우리 모두가 간절하게 바라는 것이다. 받아들임을 통해 우리는 삶의 문제 대부분에서 벗어나 성공과 행복을 경험할 수 있기 때문이다."

아이에게 배우는 엄마

다음 날 아침에 일어나 나는 어제의 일을 지우고 다시 시작된 오늘을 살았다. 오늘 주어진 하루에 집중하며 현존하기를 선택했다. 그리고 다시 나를 믿었다. 지나간 실수들은 놓아 버리고 서툴지만, 천천히 해 나가고 있는 나를 내가 응원해 주었다.

육아는 포기할 수 없었기에 나는 아이를 키우며 끈기를 배웠다. 나도 하면 된다는 것을 경험하게 되었다. 일기에 쓴 것처럼 전날, 더욱더 마음에 드는 영상을 완성해 업로드했다. 나는 더 이상 전처럼 포기하고 불편한 마음을 끌고 가지 않았다. 알아차리고 받아들이기, 그리고 놓아 버리기. 그렇게 불편한 감정을 놓아 버림으로써 다시 시작할 수 있는 끈기를 알게 되었다.

사과하는 엄마의 글쓰기

「마녀사냥」이라는 케이블 TV 프로그램에서 '낮저밤이' '낮이밤저' 등의 이야기를 했던 기억이 난다. 나는 아이들에게 '낮지밤사'의 엄마였다. '낮에는 지랄하고 밤마다 사과하는 엄마.' 아이들을 키우다 보니 내 내면 감정이 건드려지는 상황들이 많아졌다. 내가 아이들에게 지랄하는 포인트는 확실했다.

무책임한 아빠는 가정을 돌보지 않았고 어린아이 눈에 비친 내 엄마의 삶은 늘 고단하고 힘들어 보였다. 고생하는 엄마를 힘들게 하지 말자고 항상 스스로 다짐하곤 했다. 매년 어버이날 학교 수업 중 부모님에게 편지를 쓰는 시간이 되면 나는 편지에 늘 같은 말을 쓰곤 했다.

"엄마, 내가 커서 어른이 되면 꼭 호강시켜 드릴게요."

그렇게 나는 꾀나 일찍 철이 든 아이였던 것 같다.

징징거려본 적이 없는 나는 아이들의 징징거리는 소리를

듣는 것이 힘겨웠다. 나의 허용의 범위를 항상 시험하는 아이들의 징징대는 소리가 너무너무 듣기 괴로웠다. 사실 언어로 감정을 표현하기 힘든 어린아이들이 징징거림으로 불편함을 표현하는 것은 지극히 당연한 일이었다. 머리로는 알지만 내 감정은 아이들의 소리를 허용하지 못했다.

결국 나도 모르는 사이 큰소리가 되어 터져 나왔고, 정신을 차리고 나면 어느새 나는 어린아이들에게 '지랄'을 내뿜는 마녀가 되어 있었다. 그런 날 밤이면 나는 잠든 아이들을 바라보며 죄책감 범벅이 되어 어찌할 바를 몰랐다. 어떻게든 그 불편함을 털어내고 싶어 나는 또 색종이 한 장을 챙겨 하얀 뒷면에 편지를 쓰기 시작했다.

아이가 이해할 수 있을 정도의 언어와 그림으로 나의 마음을 표현했다. 알록달록 그림과 함께 예쁘게 접어 아이 머리맡에 두고 잠이 들었다.

"은호야, 엄마가 오늘 은호에게 그만 징징거리라고 버럭 화를 내서 많이 놀랐지? 정말 미안해. 엄마가 좋은 말로 은호에게 말할 수도 있었는데, 엄마 몸이 피곤해서 짜증스럽게 화를 내버렸어. 엄마가 화가 난 것은 사실 은호 때문이 아니었는데, 정말 미안해. 변함없이 널 사랑해."

아침에 일어나 편지를 발견한 아이는 사과 편지를 읽으며 늘 그랬듯이 쿨하게 나의 사과를 받아 주었다. 그렇게 수차례 반복된 '사과 편지'는 자연스럽게 아이들과 나 사이의 문화가 되었다. 두 아이 역시 엄마인 나에게 미안한 마음이 들 때면, 방에 들어가 쑥덕거리며 스케치북에 편지와 그림을 그려 내게 내밀었다. 알록달록 예쁜 그림과 함께.

아이들의 삐뚤빼뚤한 글씨와 맞춤법이 엉터리인 사과 편지를 읽으면 나는 금방 피식 웃음이 났다. 나 역시 쿨하게 아이들의 사과를 받아 주었다. 글로 전달된 감정은 진한 감동을 주었다. 이게 바로 글쓰기의 힘일까?

나는 말하기에 자신이 없는 사람이다. 특히 감정을 말로 전달하기가 참 어려웠다. 눈물도 많아 속마음을 이야기하다 보면 자주 눈물을 흘리며 꺽꺽대는 울보이기도 했다. 그런 나에게는 말보다 글로 마음을 표현하는 게 더 편했다. 글로 써 내려가면 차분하게 마음을 정리할 수 있었다. 한번 뱉어 낸 말은 주워 담지 못하지만, 써 내려간 글은 지우개로 지워 수정할 수 있기에 조금 더 편하고 섬세하게 진심을 전달하기가 쉬웠다.

어쩌면 나는 아이들에게 선 지랄 후 죄책감을 털어 내기 위해 편지를 썼을지도 모르겠다. 어찌 되었건 그렇게 시작된 우리만의 편지들은 오랫동안 보관하고 싶은 보물 같은 추억이 되었다.

아이에게 배우는 엄마

공지영 작가님의『딸에게 주는 레시피』책을 재밌게 읽었던 기억이 난다. 초간단 요리법과 함께 딸에게 들려주는 인생 이야기들이다. 또 한성희 작가님의『딸에게 보내는 심리학 편지』역시 딸에게 쓰는 편지글 형식의 책이다. 글에 스토리를 담기 위해 편지는 꽤 괜찮은 도구가 될 수 있다고 생각한다. 글쓰기 스토리 중 가장 효과가 큰 것은 '자기 자신이 경험한 이야기'라고 하던데, 내 아이들과 주고받은 편지에 담긴 솔직한 글들도 어쩌면 나의 쓰는 삶에서 또 다른 스토리가 되어줄 수 있지 않을까 상상해 본다.

　나는 아이와 감정을 주고받는 편지쓰기가 참 좋다. 나처럼 말로 표현하기 어려운 엄마들에게 색종이 편지쓰기를 강추(강력 추천)한다. 엄마 편지에 재미 들린 아이들이 머리맡을 뒤적이며 "엄마, 오늘은 답장 없어?"라고 묻는 날이 올 것이다.

치유하는 엄마의 글쓰기

잘하려고 할수록 나는 아이들에게 감정적인 엄마가 되어만 갔다. 한계에 부딪히고 무너지는 나 자신을 만나며 무모한 도전을 하고 있다는 마음마저 들었다. 그렇게 제 기대치에 못 미치는 엄마가 되었을 때 나는 자주 좌절감과 죄책감을 느끼곤 했다.

하루 중 아이들은 잘 때가 가장 사랑스럽고 예쁘다고 하지 않는가. 미친 듯이 에너지를 뿜어내며 온 집을 들쑤시며 노는 아이들을 보면 빨리 잠들어 조용히 쉬고 싶은 생각이 들다가도, 막상 아이가 곤히 잠들면 잘해 주지 못한 것만 떠올라 미안한 감정이 들곤 했다. 그때마다 잠든 아이의 손을 붙잡고 아이의 이마와 볼을 쓰다듬으며 죄책감도 애써 씻어 내렸다.

내 블로그에는 주로 아이를 키우며 느끼는 나의 감정과 생각들이 쓰여 있다. 그렇게 나의 이야기를 쓰다 보면 저절로 눈물이 흐를 때가 많았다. 나는 어느새 자판을 두들기던 손으로 얼굴을 감싸며 아이처럼 엉엉 울고 있었다. 그렇게 글을 쓰다 말고 한바탕 울고 나면 올라왔던 감정이 눈물과 함께 씻어 내려가며 후련함을 느꼈다. 솔직하게 나의 이야기를 드러내는 용기를 낼 때, 그 용감한 글쓰기에서 나의 감정을 만나 눈물이 날 때 나는 치유됨을 느꼈다.

「세·바·시」(세상을 바꾸는 시간) 강연에서 김영하 작가님이 해 준 '자기 해방의 글쓰기' 이야기가 인상적이었다.

"글이 가진 놀라운 힘이다. 단 몇 문장만으로도 우리는 과거 자신의 경험과 기억을 대면할 수 있다. 과거라는 어두운 지하 실의 문을 확 열어젖히는 것과 같은 효과를 낸다. 이런 행위는 꼭 필요하다고 생각한다. 우리 마음속에 있던 숨어 있는 감정 과 트라우마를 언어화해서 쓰는 동안, 우리가 그 감정 위에 올 라서게 된다. 논리를 가지고서 내려 보기 때문이다. 그래서 이 과정에서 우리는 좀 더 강해지고, 마음속에 어두움과 막연한 공포가 힘을 잃게 된다. 이것이 바로 글쓰기가 주는 자기 해방 이다."

나는 이 말과 비유에 깊이 공감했다. 글로 나의 감정을 표현해 나아가는 동안 어느새 글을 쓰는 나와, 글을 읽는 내가 분리되었다. 글을 쓰는 나는 감정이 울컥해 눈물도 흘리지만, 글을 읽는 나는 제삼자가 되어 객관적으로 바라보고 있다는 것을 느꼈다.

표현하기 힘든 감정들을 솔직하게 글로 토해 낼수록 오랫동안 감춰두었던 숨기고 싶은 두려움, 공포, 수치심 등의 감정은 힘을 잃어감을 느꼈다. 꾸미고 포장하지 않은 날 것 그대로의 나를 표현하면서 나 역시 큰 해방감을 느꼈다. 글쓰기가 주는 큰 치유의 힘이었다.

김영하 작가님이 대학교 학생들에게 글쓰기를 가르쳤을 때의 이야기다. 그날 글쓰기 수업에서 "나는 용서한다."라는 첫 문장을 학생들에게 던져 주었다고 한다. 그렇게 모든 학생은 몇 분 사이 자신들의 이야기에 몰입하게 되었고 '용서할 수 없는' 일들을 써 내려갔다고 한다. 어떤 학생은 울면서 교실 밖으로 뛰쳐 나가기도 했다고 한다. 이 수업을 통해 학생들에게 알려 주고 싶었던 것, 또 스스로도 배움을 얻었던 것이 바로 글이 가진 놀라운 힘이었다는 것이다.

단 몇 문장만으로도 과거의 자신과 기억을 대면할 수 있는 힘, 그게 바로 글쓰기가 주는 놀라운 힘이다. 어떤 글을 써야 할지 모르겠다면, 소개된 방법처럼 "나는 용서한다."라는 첫 문장으로 글을 써 내려가 보면 어떨까?

나는 '용서'라는 두 글자만으로 단번에 내 아빠를 떠올렸다. 가정을 돌보지 않았던 아빠에 대한 원망, 아직도 용서하지 못하는 마음들이 단숨에 울컥 쏟아졌다. 글이 주는 놀라운 힘을 통해 과거의 나를 만났고, 그 안에서 상처를 대면했다. 글을 읽는 나는 글을 쓰는 나의 이야기에 항상 귀 기울여 주었고, 함께 울어주었고, 위로해 주었다.

나는 아이를 양육하는 동안 정말 수많은 감정을 만났다. 처음 느끼는 크디큰 사랑의 감정도 만났지만, 동시에 하루에도 여러 번 아이를 통제하고 싶은 마음, 혼내고 싶은 마음, 때리고 싶은 마음이 올라올 때도 있었다.

나는 아이들을 키우며 셀프 감정 글쓰기를 많이 했다. 억울할 때, 화가 날 때, 힘이 들 때면, 컴퓨터 앞에 앉아 한글과 컴퓨터 창을 열고 닥치는 대로 내가 느끼는 감정을 쏟아 내는 작업이었다. 컴퓨터를 켤 여유조차 없다면 다이어리 맨 뒷장을 펼치고 연필로 감정을 토해 냈다.

그렇게 줄줄이 글을 써 내려가다 보면 어느새 내 안의 진짜 감정이 툭 튀어나왔다. 사실은 아이 때문이 아니라 나의 내면 아이도 그 사랑을 받고 싶고, 받지 못한 것들을 주려니 힘들고, 억울하기도 하다는 감정 말이다.

온화하고 너그러운 엄마가 되고 싶은데 뜻대로 되지 않는 내 감정이 스스로도 납득이 안 될 때마다 글을 썼다. 지금 돌아보면 내 감정을 어찌할 바를 몰라 써 내려간 글쓰기였는데, 글쓰기를 통해 나는 나를 많이 알게 되었고 이해하게 되었다. 자기 해방을 느끼고 싶다면, 나를 알게 해 주는 셀프 상담자가 되어 주는 글쓰기의 치유의 힘을 꼭 느껴 보길 바란다.

아이에게 배우는 엄마

내 삶의 멘토가 되어 주었다

엄마가 되어서 나라는 사람이 호기심과 배움에 대한 욕구가 많다는 것을 알게 되었다. 학창 시절 내내 무기력하게 책상에 앉아만 있던 내가 실은, 궁금한 것도 많고 하고 싶은 것도 많은 순수한 열정을 가진 사람이란 걸 그제야 비로소 알게 되었다.

어린 시절 내 마음을 솔직히 털어놓고 천천히 다시 시작할 수 있는 용기를 북돋아 주는 멘토가 단 한 명이라도 내 곁에 있었다면 어땠을까 하는 생각을 꽤 자주 했었던 것 같다. 아이를 낳고도 나는 잘하고 싶었지만, 누구에게 물어야 할지 몰랐다. 내 주위 친구들은 대학생이었고, 이제 막 사회에 진입한 사회 초년생이었다. 인터넷 초록창(네이버 검색창)을 이용해 궁금한 것들을 검색하다 보면 이곳저곳 다른 이야기와 의견들이 쏟아졌고, 도대체 어떤 게 맞고 틀린 것인지 혼란스러울 때가 더 많았다.

그러다 정말 우연히 육아서라는 것이 존재한다는 것을 알게 되었다. 끌리는 책부터 구매해 읽었고, 읽다 보면 관련된 또 다른 책들이 읽고 싶어졌다. 책은 내가 모르는 지식을 알려 주기도 했고, 힘들 때마다 공감의 말을 건네주기도 했다. 때로는 그렇게 하면 안 된다며 따끔하게 혼내 주기도 했다. 책은 오랜 시간 찾던 나의 멘토가 되어 주었다. 나는 책 냄새를 사랑했다. 서점과 도서관에 가면 입구부터 느껴지는 책 향기에 안정감을 느꼈고, 책을 읽으며 하나둘 알아 가고 실천하며 변화하는 내 삶이 재미있었다.

현실의 내 모습은 집구석에서 늘어진 티셔츠와 고무줄 바지를 입고 분유를 타고 있었지만, 책을 읽을 때면 현실을 잠시 잊고 꿈을 꾸며 설렘을 가득 안기도 했다. 그 설렘으로 나의 미래가 기다려졌다.

나에게 독서는 길잡이였고 위로였고 통로였다. 답답할 때면 서점에 가 마음을 위로해 주는 따뜻한 제목의 책을 골라 왔고, 육아가 힘이 들 때면 육아서를 읽었다. 내 감정이 왜 이런지 도무지 알 수 없을 때는 심리서를 읽으며 내 감정을 이해해 보려 노력했고, 엄마가 아닌 내 삶을 찾고 싶을 때는 자기계발서를 읽으며 꿈을 꾸었다.

아이를 키우며 나는 독서의 힘을 알았다. 책은 그렇게 찾던

아이에게 배우는 엄마

내 삶에 멘토가 되어 주었다. 마음이 힘들고 지친다면 서점에 가서 끌리는 제목의 책을 읽어 보자.

그렇게 단 한 권이라도 내 마음의 울림을 주는 책을 만나게 된다면, 책 한 권으로 엄청난 에너지와 삶의 변화를 실현할 수 있을 것이다.

그림책 속에서 나를 보다

기분을 말해 봐

아이들에게 그림책을 읽어 주다 보니 자연스레 나 또한 그림책에 관심을 갖게 되었다. 세계적인 작가 앤서니 브라운의 책은, 우리 집에서도 아이들의 사랑을 받는 그림책이다. 내가 소개하고 싶은 책은 초등학교 1학년 1학기 국어 교과서에도 수록되었다는 『기분을 말해봐!』이다.

첫 장에 보이는 원숭이가 손깍지를 끼고 아리송한 표정으로 "기분이 어때?"라고 물었다. 질문을 하는 건지 질문에 답을 생각하는 건지 정확히 알 수는 없지만, 원숭이의 표정만큼 진지하게 나의 기분에 대해 생각에 잠기게 해 주었다.

이 책은 장면마다 감정에 관해 이야기한다. 재미없을 때도 행복할 때도 슬플 때도 모든 감정을 앤서니 브라운 특유의 원색의 눈에 띄는 색채와 원숭이의 표정을 통해 표현하고 전달한다.

무대 위에서 숨고 싶을 만큼 부끄럽다는 원숭이의 감정을 보더니, 내향적인 성격의 큰아이는 "엄마 나도 이런 경험이 있어." 하며 자신의 기억을 이야기해 주었다. 어린이집 생일 파티 날, 주인공이 되어 케이크에 촛불을 끄는 순간이었다고 한다. 많은 사람이 자신을 쳐다보면서 주목했을 때 떨리고 긴장되어 부끄러웠던 자신의 감정을 이야기해 주었다.

엄마의 공감은 아이가 스스럼없이 자신의 감정을 표현하는 힘이 된다. 아이의 이야기를 들으며 나도 부끄러웠던 기억과 긴장되었던 순간들을 함께 이야기했다.

"엄마도 그럴 때가 있었구나." 하며 안심한 아이는 자신의 감정을 더욱 신나게 털어놓았다. '누구나 느끼는 감정이구나, 그 감정을 느끼는 것이 괜찮구나'를 알아 가며 감정 나누는 대화를 할 수 있었다.

자신의 진짜 감정이 무엇인지 모르고 살아가는 사람이 많다. '나'에게조차 인정받지 못한 나의 감정들. 나는 순간순간 느끼는 감정이 어떤 것인지조차 이름을 붙이지 못해 '아, 우울해!' '아, 짜증 나!'라는 말을 달고 살았다. 우울하고 짜증이 난다는 나의 표현 안에는 사실 혼자라 외로웠고, 불안했고, 두려웠고, 서러웠다는 많은 감정이 숨어 있었을 터다.

나는 아이를 키우며 내 아이들만큼은 감정표현에 솔직한 사람이 되기를 소망했다. 내가 하지 못한 그것을 아이들에게

그림책 속에서 나를 보다

허용하기란 쉽지 않았지만, 나처럼 자신에게 너그럽지 못한 사람이 되지 않길 바랐다.

자신의 감정을 안다는 것만으로 '나'를 이해하고 인정할 수 있다. 끊임없이 자신을 할퀴는 감정의 부정과 비난을 멈출 수가 있다. 자신의 감정을 탐구하는 시간은 매우 중요하다. 특히 엄마가 되었다면 필수로 '나'를 알아야 하고 힘든 감정들을 치유해야 한다. 아이와의 관계가 좋아지려면 무엇보다 먼저 나 자신과의 관계가 좋아야 하니까.

자신을 잘 들여다볼 수 있는 것, 그리고 사람과의 관계 안에서는 나의 감정을 건강하게 표현하는 것, 내 아이들이 그렇게 자신의 감정을 잘 알고 인정하고 표현하기를 바랐다.

남매와 나, 셋이 '인생게임'이라는 보드게임을 했다. 주사위를 굴려 앞으로 나아가며 미션을 통과하는 게임이었다. 게임 머니를 주고받으며 계산을 해야 하는데, 미션을 성공한 내가 50K를 큰아이에게 받고 작은 아이에게 100K를 받아야 하는 상황이었다. 큰아이는 50K 지폐가 없다고 100K 지폐를 내게 주었고, 작은 아이에게 받을 50K를 큰아이에게 거스름돈으로 넘겨주었다.

계산이 빨리 되지 않았던 작은 아이는 자신의 돈을 오빠에게 준 것을 이해하지 못했다. 설명해 주어도 자기 돈을 오빠에게 주었다는 것에 서럽게 눈물을 흘렸다. 그 모습이 웃기기도 하고 귀엽기도 해서 웃음이 났다. 엄마가 웃으니 더욱 서러워진 작은아이는 한참을 울었다.

"네가 준 돈을 오빠에게 준 게 억울하게 느껴졌어?"

"네 돈을 거스름돈으로 바로 준 것이 서운했니?"

"엄마가 말도 없이 네 돈을 만져서 속상했어?"

아이가 느꼈을 감정을 설명해 주며 나는 아이를 달랬다. 아이는 서운함과 억울한 감정이 동시에 들었다고 이야기하며 눈물을 그쳤다. 눈물이 그친 뒤 차분히 다시 상황 설명을 들으며 이해하고 감정을 털어 낸 아이는 이내 웃음을 찾았고, 우리는 다시 즐겁게 보드게임을 즐겼다.

『기분을 말해 봐』를 읽으며 서너 살 아기 때부터 아이들과 감정에 관한 이야기를 많이 했다. 한 장면마다 "너는 이런 적 있었어?" "언제 그런 기분을 느꼈어?" 하고 질문했다. 아이들이 헷갈릴 수 있는 감정들에 대해서는 감정의 이름을 붙여 주며 말했다.

오랜 시간 감정에 대해 혼란스러움을 느꼈던 나에게 아이와 감정 이야기를 나누는 육아의 과정은 치유의 시간이 되었다. 내 감정을 알아주는 연습을 하며 아이들의 감정도 잘 헤아려 줄 수 있었다. 아이들과 감정 야기를 많이 나누며 엄마가

그림책 속에서 나를 보다

느끼는 감정 또한 솔직하게 표현해 보자. 슬프고 화가 났는데 "엄마는 괜찮아."라고 말하는 것은 아이들에게 혼란을 줄 뿐이다.

우리 아이들이 내게 자주 하는 질문이 있었다.

"엄마도 어릴 때 그런 적 있었어? 그럴 때 어땠는지 이야기해 줘."

아이에게 가장 큰 존재인 엄마도 자신과 같은 감정을 느끼고 비슷한 상황을 겪어 봤다는 공감만으로 아이는 위로받고 단단해진다.

너무너무 공주

   공주에 한창 빠져 있던 딸을 위해 도서관에 있는 공주책이
란 공주책은 죄다 빌려서 읽던 때가 있었다. 수많은 공주책 가
운데에서 『너무너무 공주』라는 책이 내 기억에 남았다. 보통
공주책은 예쁜 공주 그림이 등장하기 마련인데 이 책은 표지
부터 공주가 코믹하게 느껴져 눈길을 끌었다.

   임금님에게는 딸이 하나 있었다. 예쁘지는 않지만 못생기지
도 않았고, 착하지는 않지만 못되지도 않은 딸. 똑똑하지는 않
지만 멍청하지도 않았다. 놀고 싶을 땐 놀고 자고 싶을 땐 자
고 웃고 싶을 땐 웃고, 울고 싶을 땐 우는 공주였다. 좋은 건
좋다고 말하고 싫은 건 싫다고 말하는 공주였다.
   자연스러움 그 자체인 공주에 대한 표현에 감탄하며 아이
와 책을 읽고 있었는데 안타깝게도 임금님은 공주가 너무 평
범하다고 생각했다. 때마침 까치들이 노래를 했다.

"평범해. 평범해. 공주가 평범해. 얼굴도 평범해. 성격도 평범해. 머리도 평범해. 너무너무 평범해."

그리고 임금님은 연못 잉어를 깨워 소원을 빌 수 있는 수염세 가닥을 받아 왔다.

"수염 하나에 소원 하나씩! 하지만 잊지 마세요. 소원을 빌 때마다 임금님은 늙고 쭈글쭈글해질 거예요."

세 가지 소원권을 얻은 임금님은 딸이 예쁜 공주가 되기를, 착한 공주가 되기를 빌었다. 임금님의 소원대로 아주 예뻐진 공주를 보는 사람들은 공주의 아름다움을 칭찬하였고, 아이러니하게도 칭찬을 받으면 받을수록 공주는 점점 웃음을 잃어 갔다. 착한 공주가 되었을 때도 역시 칭찬하면 할수록 공주는 생기를 잃어 갔다.

두 가지 소원을 빌고 쭈글쭈글해진 임금님은 마지막 소원을 빌었다.

"수염아, 수염아…."

그렇게 공주는 예쁘지도 못생기지도 착하지도 못되지도 똑똑하지도 멍청하지도 않았지만, 놀고 싶을 때 놀고, 자고 싶을 때 자고, 웃고 싶을 때 웃고, 울고 싶을 땐 울고, 좋은 것을 좋다 하고, 싫은 것을 싫다 하는 예전의 공주 모습 그대로 돌아왔다. 또르르 눈물 흘리는 주름진 임금님만 남았다.

잠자리 독서로 둘째 아이에게 이 책을 읽어 주며 혼자 막 감동하고 있을 때 아이에게 물었다.

"하연아, 임금님이 마지막으로 어떤 소원을 빈 것 같아?"

"엄마, 나 너무 졸려서 생각이 안 나네."

겨우 대답하고 아이는 스르륵 잠이 들려고 했다. 『너무너무 공주』를 읽고 뭉클하게 감동한 나는 잠들려는 아이의 귀에 얼른 속삭여 주었다.

"하연아, 너의 있는 모습 그대로 사랑해. 잘 자."

나는 평범함 그 자체였다. 외모도 성격도 잘하는 것도 딱히 없고, 특별한 구석이라고는 찾아볼 수가 없었다. 나는 평범한 내가 불만이었다. 어딘가 하나라도 특별해지고 싶었다. 특별함으로 관심받고 인정받고 싶었다.

그러나 공주가 가장 행복하였을 때는 세상에서 제일 착해 칭찬을 많이 받을 때도, 세상에서 제일 예쁠 때도 아니었다. 공주는 평범한 모습이지만 있는 모습 그대로일 때, 자신의 욕구에 충실할 때 가장 행복했다.

쌍꺼풀이 진하고 눈이 큰 사람이 예쁘다고 생각하는 딸아이에게 쌍꺼풀도 없고 큰 눈도 아닌 내가 큰 뜻 없이 "엄마 예뻐?"라고 물어보았다. 당연히 "응, 엄마 예뻐."라는 대답이 나올 거라 예상했던 나에게 아이가 돌직구를 날려 주었다.

"음, 그냥 평범해."

아이의 예상치 못한 표현에 빵하고 웃음이 터졌던 기억이
난다.

『너무너무 공주』를 읽고 나니, 평범하다는 말이 서운하지
않다. 나의 평범함이 좋다. 남과 비교하며 나에게는 왜 특별함
이 없을까 하는 고민을 하던 내게 선물처럼 와 준 묵직한 그
림책. 공주처럼 평범하지만 행복하게 나다운 모습으로 살고
싶다. 좋은 걸 좋다고 싫은 걸 싫다고 말하며 웃고 싶을 때 웃
고 울고 싶을 때 울면서 말이다.

이제는 남들과 나를 비교하지 않는다. 누구나 다 빛나고 반
짝이는 존재이기에, 비교할 수 없다는 걸 알았기 때문이다. 뜻
밖에 빌려온 『너무너무 공주』 그림책을 읽고 나는 아주 진한
감동을 받았다.

눈물바다

　어린이집에서 선생님이 너무 재밌게 읽어 주었다면서 둘째가『눈물바다』책을 갖고 싶다고 했다. 아이에게 선물해 주고 함께 읽는데, 재밌어하는 아이의 요청으로 여러 번 읽게 되었다. 아이가 이 책을 왜 이렇게 재밌어할까 궁금해서 그림을 자세히 들여다보다 나도 이 책의 매력에 푹 빠지게 되었다.

　책 표지에 형광색 얼굴을 한 주인공 아이가 있다. 아이의 동그란 눈에는 눈물이 넘실넘실 파도치고 있었다. 주인공 아이는 시험을 봤는데 아는 게 하나도 없었고, 급식도 맛없는 메뉴뿐이었다. 억울하게 혼도 났고, 엎친 데 덮친 격으로 비가 오는데 우산까지 없었다. 비를 쫄딱 맞고 집에 오니 엄마·아빠 싸우는 소리까지, 정말이지 온종일 되는 일이 없는 날이었다. 아이는 밤이 되고 침대에 누우니 눈물이 났다. 자꾸만 자꾸만 눈물이 났다. 그림책 속 아이를 비추고 있는 달님도 아이를 안타깝게 바라보며 함께 눈물을 흘렸다.

　　　　　　　　　　　그림책 속에서 나를 보다

어두운 방, 이불속에서 눈물을 흘리는 아이 그림에서 내 모습이 스쳐 갔다. 참지 못하는 눈물이 창피하고 부끄러워 표현하지 못하고 혼자 이불속에서 숨죽여 눈물을 삼켰던 기억이 많다. 안 좋은 일이 있을 때, 속상한 일이 있을 때마다 그 마음을 누구에게도 표현하지 못했다. 집에 돌아오면 아닌 척, 밝은 척 걱정 끼치고 싶지 않아 모두가 잠든 뒤 홀로 이불속에서 훌쩍이곤 했다. 아무도 모르게 숨죽인 채로.

『눈물바다』책 속 주인공 아이가 흘리고 흘린 눈물이 바다가 되었다. 눈물바다 덕분에 집 안은 물론 온 세상이 눈물 파도로 혼란스러웠다. 그러나 아이의 표정은 점점 신이 났고 눈물 흘리던 아이의 표정이 '야호!'를 외치며 편안해졌다. 울고 털어 내던 그때의 나처럼. 소란이 일어난 뒤 아이는 모두에게 미안하다는 생각이 들었다. 그러나 마지막 페이지에서 아이는 속이 시원하다며 만세를 부르며 활짝 웃었다.

자가 치유 능력 장치인 고마운 눈물을 우리는 너무나 억제하며 살아간다. 어려서부터 울면 안 된다, 울면 창피하고 나약하고 지는 것이라는 메시지를 받고 커왔기 때문일 것이다.

여전히 눈물이 많은 나지만, 지금은 참지 않고 자연스럽게 눈물을 흘릴 줄 아는 사람이 되었다. 이제는 감정이 복받쳐 눈물이 멈추지 않는 날이면 고마움마저 들었다. 나는 내 아이들에게 눈물을 허용해 주기를 선택했다. 아이들이 속상하거나 슬프거나 힘든 일이 있을 때면 언제든 내 품에서 눈물을 흘릴 수 있도록 했다.

"울어도 괜찮아, 울고 나면 후련해질 거야."

"속상했구나, 슬펐구나, 서러웠구나, 억울했구나."

안전한 엄마 품에서 꺼이꺼이 울 수 있도록 해 주었다. 그런 시간이 쌓여 지금 우리 아이들은 하루 중 속상했던 일, 눈물이 날 뻔했던 일, 심지어 양심에 찔린 일까지 마음의 묵은 감정들을 나에게 훌훌 털어놓고는 편안함을 찾는다.

하루는 둘째 아이가 어린이집에서 돌아와 나에게 친구 이야기를 해 주었다. 어린이집에서 친구가 속이 상해 한참을 울고 나선 창피해하더라는 이야기였다.

"엄마, 친구가 눈물 흘리는 게 부끄럽다는 거야. 그래서 내가 이야기해 줬어. '친구야, 우는 건 나쁜 게 아니야. 창피한 거 아니야. 울어도 괜찮아.'라고."

집에서 듣고 자란 위로의 말로 친구의 마음을 다독여 준 아이가 대견스러웠다.

기쁘면 배시시 웃음이 새어나듯 슬플 때 눈물이 나는 것은 자연스러운 반응이다. 스트레스 호르몬인 크리티솔은 감정을 터트리는 것만으로 배출이 된다고 한다. 눈물과 함께 부정적인 감정 또한 배출되는 것이다. 안전한 엄마 품에서만큼은 아이들이 마음껏 울고 감정을 배출할 수 있도록 허용해 주자.

『눈물바다』책 속 아이가 눈물이 바다가 될 만큼 실컷 울고 난 뒤 다시 활기를 찾은 것처럼, 우리 아이들도 힘들고 속상한 감정을 가슴속에 삼키지 말고 눈물이 날 때 마음껏 눈물을 흘리며 감정도 함께 흘려보낼 수 있다면 더욱 건강한 마음을 갖게 될 것이다. 그런 과정에서 아이들은 언제든 안전한 곳에서 자신의 감정을 훌훌 털어 낼 줄 아는 마음의 건강함을 배울 것이다. '뚝', '그만'이라는 말로 아이들의 눈물샘을 막지 말자.

무지개 물고기

눈에 띄는 푸르른 바다색 표지에 은빛 반짝이는 비늘을 가진 물고기가 헤엄을 치고 있다. 그때는 이렇게 유명한 책인 줄도 모르고 예쁜 색감과 물고기 그림에 반해 도서관에서 골라와 큰아이와 읽어 보았던 책이다. 『무지개 물고기』를 처음 읽을 당시에는 '아이에게 양보하는 마음을 알려 주는 책이구나.'라고만 생각했다.

무지개 물고기는 온 바다에서 가장 아름다운 물고기이다. 다른 물고기들은 무지개 물고기를 보며 아름다움에 감탄했다. 안타깝게도 아름다운 무지개 물고기와 함께 놀자고 말하는 친구들에게 무지개 물고기는 대꾸도 하지 않은 채 잘난 체하며 지나가 버렸다.

어느 날 파란 꼬마 물고기가 무지개 물고기에게 멋진 반짝이 비늘을 하나 줄 수 있냐고 순수하게 물었다. 네가 뭔데 가장 아끼는 나의 비늘을 달라고 하느냐며 무지개 물고기는 버럭 소리쳤고, 그 일 이후로 아무도 무지개 물고기와 놀려고 하지 않았다. 모두들 무지개 물고기를 피하기까지 했다. 쓸쓸함을 느낀 무지개 물고기는 불가사리 아저씨에게 고민을 털어놓았고, 불가사리 아저씨는 문어 할머니에게 가보라고 조언해 주었다.

무지개 물고기의 고민을 들은 인자한 문어 할머니는 반짝이 비늘을 다른 물고기들에게 한 개씩 나누어 주라고 알려 주었다. 멋진 비늘을 나누어 주고 나면 가장 아름다운 물고기가 되지는 못하지만, 지금보다 더 행복해질 수 있다고 말해 주었다.

문어 할머니의 말대로 무지개 물고기는 서서히 반짝이 비늘을 다른 물고기에게 나누어 주었고, 어느새 딱 하나의 은빛 반짝이 비늘만 남게 되었다. 그 대신 다른 물고기들이 한 개씩 은빛 반짝이 비늘을 갖게 되었고, 무지개 물고기 주위에 함께 놀자고 친구 물고기들이 모여들었다.

내가 상상하는 이상 속의 내 모습은 마지막 무지개 물고기의 모습처럼 나의 많은 것들을 사람들과 나누는 것이지만, 내게 나눔은 어쩐지 빼앗기는 느낌을 주었다. 내가 좋게 읽은 책한 권조차 다른 사람들에게 소개하는 게 힘들 정도로 나는 나눔이 어려웠다. 나만 잘하고 싶었고, 내 아이만 잘 키우고 싶었다.

내 것을 온전히 소유해 보지 못한 마음이 그 뿌리였을까? 나를 들여다보며 나는 내가 가진 것보다 항상 '가지지 못한 것'에 초점을 맞춰 결핍상태의 에너지로 살아왔다는 것을 자각하게 되었다. 소유해 보지 못한 결핍, 그리고 질투, 복합적인 감정 안에서 나는 내 안으로 더 깊이 들어갈 수 있었고, 결론적으로 힘들었지만 저항을 뚫고 나눔의 실천을 선택하는 힘을 얻었다.

무지개 물고기처럼 내게 정말 소중한 것들, 나를 변화시켰던 책과 사람들, 아이를 키우며 도움받았던 방법들을 하나씩 내 블로그에 공개적으로 글을 쓰며 소개했다. 나만 알고 있고 나만 하고 싶은 모임에도 함께 하고 싶은 사람이 있다면 함께 하자고 손을 먼저 내밀기도 했다. 그리고 내 글을 읽은 몇 사람이 함께하길 원해 모임에 같이 나가기도 했다.

그저 손을 내밀었을 뿐인데, 함께해 준 분들이 과분한 고마움의 마음을 표현해 주었다.

'좋은 것을 함께하고 나눈다는 게 이런 기분인 건가?'

처음 느껴 보는 신선한 기분이었다. 고마움을 표현해 준 분들에게 감사한 마음이 뜨겁게 차올랐다.

'아, 이거구나.'

그때야 무지개 물고기의 마음을 진짜 이해할 수 있었다. 정말 소중한 것들을 내어 주고 함께 할 때 더 행복할 수 있으며, 나눈 마음이 배가 되어 내게 되돌아온다는 것을 알았다. 작은 손을 내밀고 큰마음을 알게 된 소중한 경험이었다.

이제 나는 사랑을 나누는 사람이 되고 싶다. 사실 별것도 아닌 것을 손에 꽉 쥐고 가슴팍에 움켜잡고 아무에게도 알려 주고 싶지 않았던 그것들, 나만 알고 싶었던 것들을 더 많이 나누고 함께하고 싶다.

아이를 키우는 과정에서 엄마들에게는 깊은 무의식의 내면을 들여다볼 기회들이 주어진다. 육아를 통해 자신의 내면에 대해 많은 것을 알게 되고 내려놓으며 자유로워질 수 있다. 이 좋은 것 역시 많은 사람과 함께하고 싶다. 나의 경험과 깊숙한 마음을 글로 쓰며 이렇게 용기를 내고 있는 이유이다. 나의 글이 단 한 사람에게라도 진실로 닿아 위로와 용기가 된다면 좋겠다.

안녕, 울적아

울적한 마음이 느껴지는 까맣고 큰 구름 덩이가 그려져 있다. 어떠한 표정인지 알 수 없는 아리송한 표정으로. 그리고 한 아이가 그런 울적이를 바라보고 있다.

소년의 이름은 빌, 아침에 일어나자마자 비가 올 것 같은 흐린 날씨였다. 좋아하는 양말을 찾을 수가 없었고, 가방에 걸려 우유를 엎지르기도 하며 하루의 시작부터 예감이 좋지 않았다.

학교에 가는 길, 빌 뒤에는 까만 구름 같은 울적이가 쫓아왔다. 학교에서도 집에 돌아와서도 빌은 자기를 따라다니는 울적이에 대해 불편한 마음이 들었지만, 그 녀석을 생각하면 울적한 마음이 들어 그 존재에 대해 말하고 싶어 하지 않았다. 말하려고 애써 보았지만, 입이 떨어지지 않았다. 녀석이 저절로 사라지기를 기다리기도 했지만, 점점 커질 뿐이었다.

그림책 속에서 나를 보다

아이들과 『안녕, 울적아』를 읽고 울적이의 존재에 대해 이야기를 나누었다.

"하연아, 울적하다는 게 뭔지 알아?"

"응 알지, 우울한 거."

"우울한 건 뭔데?"

"슬프고 기분이 안 좋은 거."

"하연이는 울적한 적 없어?"

내가 물으니 아이는 한참 기억을 더듬어 보았고, 최근에는 없는 것 같다고 대답했다.

"울적이를 없애려면 어떻게 하면 좋을까?"

다시 묻는 나의 질문에 아이는 또다시 한참 고민한 뒤 대답했다.

"울적이를 달래 주고 놀아 주면 될 거 같아."

"오, 그럴 수 있겠다."

나는 아이의 대답에 맞장구치며 마저 남은 뒷장을 펼쳤다. 울적이를 거부하던 빌은 울적이의 눈물에 비친 자기 모습을 보았다. 울적이는 그 누구의 모습도 아닌 자신의 모습이었다. 그리고 빌은 울적이를 안아 주었다. 집으로 가자며 울적이의 손을 잡아 주었다.

"하연이 말처럼 정말 울적이를 잘 달래 주었네."

감정을 부정하고 외면할수록 울적이처럼 계속 부풀어 오르는 부작용이 생긴다. 나도 가라앉고 무거운 한숨이 푹푹 쉬어지는 그 느낌이 싫어 일부러 왁자지껄한 곳을 찾아 사람들을 만나기도 했다. 애써 내 감정을 숨기고 웃고 떠들었다. 그런 날이면 집에 돌아와 다시 느껴지던 그 헛헛함마저 불편했다.

감정을 온전히 느끼는 것은 사실 말처럼 쉽지 않다. 나처럼 오래된 습관이 되어 자동으로 외면하고 회피하려 할 수 있다. 그럼에도 감정을 잘 느끼고 알아주어야 한다. 충분히 느껴야 그것을 이해하고 보낼 수 있기 때문이다. 빌이 울적이의 존재를 인정하고 그 안에서 자신의 모습을 본 뒤 울적이를 안아주었던 것처럼 말이다.

빌과 울적이가 함께 돌아오는 길, 물웅덩이도 폴짝 건너고, 길거리는 햇살을 받아 반짝반짝 빛이 났다. 아이들도 웃고 빌도 웃음을 지었다.

그리고 다음 날 아침 침대 위 울적이는 인형처럼 작아져 있었다. 하늘은 흐렸지만, 곧 해가 날 것 같다는 이야기로 마무리되었다. 해가 날 것 같은 날씨처럼 빌의 마음에도 곧 기쁨이 올 거라는 행복감을 안고 책을 덮었다. 아이와 함께 『안녕, 울적아』 책을 읽은 후, 울적한 감정을 억누르지 않고 흘려보내는 방법들에 관해 이야기 나누어 보면 좋을 것 같다.

그림책 속에서 나를 보다

화나는 감정, 속상한 감정을 토해 내는 아이들에게 이런 말을 해 주면 어떨까?

　"네가 느끼는 모든 감정은 옳아. 괜찮아, 그럴 수 있어."

알사탕

처음 백희나 작가님의 책을 알게 된 건 아이에게 『구름빵』 그림책을 읽히면서부터였다. 한동안 아이들이 구름빵 노래와 그림책에 빠져 있었다. 백희나 작가님에 대해 궁금함이 올라와 검색까지 하게 되었다. 그 뒤로도 백희나 작가님의 신간이 나올 때마다 구매했고, 나오는 모든 책을 사랑했다.

백희나 작가님의 책 중 『알사탕』에 대해 이야기해 보려고 한다. "나는 혼자 논다."라는 한 줄이 나오며 알사탕 이야기는 시작된다.

첫 장면부터 쓸쓸함이 느껴졌다. 혼자 구슬치기를 하는 동동이가 새 구슬을 사러 문구점에 갔다. 그곳에서 유난히 눈길을 끈 구슬이 있어 골랐는데, 구슬이 아닌 알사탕이었다. 크기도 모양도 색깔도 제각각인 알사탕 여섯 알.

많이 보던 무늬의 알사탕부터 먹은 동동이. 갑자기 이상한 소리가 들렸다. 알사탕 무늬와 똑같은 소파. 소파가 동동이에

그림책 속에서 나를 보다

게 이야기를 했다. 두 번째 알사탕은 점박이 알사탕. 동동이네 반려견 구슬이의 목소리가 들렸다. 그리고 이어진 아빠의 엄청난 잔소리. 한 페이지 빼곡히 쓰인 아빠의 잔소리는 숙제는 했는지, 구슬이 산책은 시켰는지, 목욕은 했는지를 계속해 물으며 이어졌다.

우리 아이는 특히 아빠가 잔소리하는 이 장면을 좋아했다. 한 페이지 빼곡하게 잔소리로 꽉 찬 이 부분만 계속 읽어 달라고 요청해 숨이 차고 목도 아팠다. 아이는 단순히 재미있어서 또 읽어 달라고 한 걸까? 아니면 동동이의 마음에 공감했던 걸까?

아빠에게 복수하는 마음으로 사탕을 먹으면서 잠이 들기로 한 동동이는 까칠까칠한 알사탕을 입에 넣었다. 그러자 계속해서 "사랑해 사랑해 사랑해 사랑해 사랑해 사랑해 사랑해……."라는 소리가 들렸다. 소리를 따라가니 설거지하고 있는 아빠의 마음에서 들리는 소리였다. 아빠의 끝없는 잔소리가 동동이를 너무 사랑해서였다는 걸 느꼈는지 동동이는 등 뒤에서 아빠를 꼭 안아 주었다.

나는 아이와 함께 책을 읽으며 질문했다.
"잔소리꾼 동동이 아빠에게서 왜 '사랑해'라는 소리가 계속 들린 것 같아?"

"엄마, 동동이 아빠가 잔소리를 계속 한 건 동동이를 사랑하기 때문이지. 사랑하니까 관심이 있어서 잔소리하는 거야. 잘하라고."

아이가 동동이 아빠의 마음을 똑 부러지게 설명해 주었을 때, 마치 내 마음을 알고 위로해 주는 것 같아서 마음이 울컥했다. 동동이가 아빠를 꼭 안아 준 것처럼 나도 울컥하는 마음으로 아이를 꼭 안아 주었다. 옆에서 대화를 듣고 있던 큰아이가 무심한 듯 툭 한마디 던졌다.

"그치, 관심 없으면 잔소리할 일도 없지."

『알사탕』 책을 읽으며 아이와 이야기할 거리가 많았다. 동동이가 반려견과 대화를 나누는 장면에서 "우리 집 강아지도 말을 한다면 어떤 말을 할까?"라고 묻기도 했고, 돌아가신 증조할머니와의 추억을 떠올리며 죽음에 대한 이야기도 나누었다. 돌아가신 할머니도 지금쯤 학창 시절 친구들을 만나셨을까? 하는 생각들도 나눴다.

불편한 소파, 고단한 구슬이, 아빠와 할머니의 진심을 알 수 있게 해 준 알사탕. 알사탕을 통해 동동이는 다른 이의 생각을 이해하게 되었다. 곳곳의 재미 요소를 찾으며 아이와 함께 즐거웠고, 타인을 이해하는 마음을 얻을 수 있었다.

깔깔 웃기도 하고 찐한 감동도 받으면서 마지막까지 마음

그림책 속에서 나를 보다

이 훈훈해지는 『알사탕』 그림책. 이 책을 읽고 난 후, 우리 집 아이들과 나는 백희나 작가님에 대한 팬심이 더 커져 버렸다.

언제까지나 너를 사랑해

"엄마, 왜 울어?"

『언제까지나 너를 사랑해』 책을 함께 읽다가 눈물이 쏟아진 나를 바라보며 아이가 물었다.

"이 책 너무 감동적이다, 정말."

엎드린 엄마와 아이가 눈 맞추고 있는 겉표지만 봐도 코끝이 찡해졌다. 엄마 입에 제 손을 넣으며 호기심 어린 미소를 짓는 아이를 엄마가 따뜻한 시선으로 바라보고 있는 그림이다. 점 하나로 표현된 눈빛에서 넘치는 따뜻함이 전해졌다.

"너를 사랑해 언제까지나

너를 사랑해 어떤 일이 닥쳐도

내가 살아 있는 한 너는 늘 나의 귀여운 아기"

아이의 요구에 이 부분은 꼭 노래로 불러 주었다. 수십 번 불러 주었지만 부를 때마다 목이 메었다. 지금도 여전히 이 노래를 부르면 그때의 나, 그때의 감정이 몽글몽글 올라온다.

책 속의 아이는 집 안을 돌아다니고 말썽을 부릴 만큼 자랐다. 따뜻한 엄마는 때때로 "이 아이 때문에 내가 미쳐버릴 것만 같아"라고 혼자 말하기도 했다. 그러나 밤이 되어 아이가 잠이 들면 엄마는 또다시 아이를 사랑스럽게 바라보며 노래를 불러 주었다. 그렇게 자라는 아이에게 노래를 불러 주던 엄마는 나이가 들고 늙어 갔다. 마지막에는 아들이 엄마를 안아 주며 노래를 불러 주었다.

"너를 사랑해 언제까지나
  너를 사랑해 어떤 일이 닥쳐도
  내가 살아 있는 한 당신은 늘 나의 어머니"

이 책에 감동한 나는 영어 원서에서 한글 그림책까지 구매해 아이들에게 수시로 읽어 주었고, 노래를 불러 주었다. 아이를 품에 안았을 때도, 손잡고 신나게 외출할 때도, 잠들기 전 자장가로도 수없이 많이 불러 준 노래. 그림책 속 아이처럼 까불이가 된 9살 아들을 품에 안고 이 노래를 불러 주었던 적이 있다.

아이는 내 노래가 끝날 때까지 날 꼭 안고 가만히 듣고 있었다. 노래가 끝나고도 조용해 아이를 쳐다보니 내 품에서 또르르 또르르 눈물을 흘리고 있었다. 말로 표현하지 않아도 내 마음이 아이에게 전달되었다는 것을 느낀 순간이었다. 아이는 그렇게 한참 내 품에 안겨 있었다.

'내 마음이 너에게 전달되었구나, 참 다행이다.'

자녀에게 사랑을 전달하는 따스한 노래이다. 내 아이들과 나는 이 노래를 통해 사랑을 많이 주고받았다. 아이와 가슴을 맞닿게 폭 끌어안고 이 노래를 불러 주자. 언제까지나 어떤 일이 닥쳐도 너를 사랑한다는 노래를 통해 뜨겁게 사랑을 전달해 보자.

에너지 버스

70만 독자의 사랑을 받은 『에너지 버스』가 어린이판 그림책으로도 있었다니 중고서점에서 이 책을 발견한 나는 반가운 마음에 바로 구입하고는 신이 났다.

피곤하고 시무룩하게 일어난 조지는 아침부터 기분이 별로다. 동생과 싸우고 TV도 많이 봐 늦게 잠이 들어 피곤했다. 입맛이 없어 아침도 먹지 않으니 엄마까지 화가 나셨다. 조지는 서둘러 버스를 타러 나갔지만 버스마저 떠나버렸고, 울고 싶은 조지는 눈물을 꾹 참았다. 다행히 기사 아줌마가 조지를 보고 버스에 태워주셨다. 평소 기사 아저씨가 아닌 처음 보는 분이었다. 울상인 조지에게 이 버스는 기운 없는 친구들에게 에너지를 샘솟게 해 주는 에너지 버스라고 소개했다.

매일매일 즐겁게 보내는 첫 번째 규칙은 즐거운 상상하기. 즐거운 상상을 하면 기분이 좋아지고 상상한 대로 하고 싶어진다고 설명하셨다.

두 번째 규칙은 좋은 에너지를 채우기. 좋은 것을 생각할 때 생기는 기운의 에너지를 꽉꽉 채우자고 하셨다. 조지는 그런데도 자꾸 나쁜 생각이 들 땐 어떻게 해야 하냐고 물었다.

"중요한 질문이구나, 조지. 그럴 수도 있지. 하지만 네게는 세상에서 가장 큰 힘이 있어. 나쁜 것 대신 좋은 것을 선택할 수 있는 힘 말이야."

책을 읽어 주다 아이에게, 그리고 나 자신에게도 말해 주었다.

"은호야, 너에게는 나쁜 것 대신 좋은 것을 선택할 수 있는 힘이 있어. 그 힘을 믿어 봐."

'하기 싫어'보다는 '할 수 있어'를 선택할 수 있는 힘이 우리에겐 있다. 부정적인 감정이 나를 휘감을 때 나는 심호흡을 하고 의식적으로 긍정적인 생각으로 전환하려 했다. 특히 '나는 못 해. 할 수 없을 거야.'라는 생각이 나를 지배할 때 그 생각을 흘려버리고 그냥 행동하려 했다. 아무것도 하지 못해 쩔쩔매는 나보다 내게 할 수 있는 힘이 있다고 믿고 그냥 행동하는 것이 오히려 후련했다.

조지는 좋은 것만 생각하고 좋은 에너지를 채웠지만, 못된 애들이 놀리고 창피를 줬다고 눈물이 고여 버스에 탔다. 기사 아줌마가 알려 주신 마지막 규칙은 못된 아이들과 맞서는 당당한 태도다. 나쁜 에너지가 마음에 못 들어오게 막아야 한다는 것이다. 우리 마음은 아주 힘이 세기 때문에 안 좋은 일들이 괴롭혀도 마음을 굳게 먹으면 이겨낼 수 있다고 말씀하셨다.

존 고든 작가님은 어린이들에게 더 즐거운 마음으로 하루하루를 지낼 수 있는 비법을 알려 주고 싶어 이 책을 쓰게 되었다고 한다. 이 책을 읽으며 아이와 나는 긍정적인 에너지로 사는 것과 나쁜 에너지로부터 나를 지키는 것에 관한 이야기를 나누는 시간을 가졌다.

늦잠을 잔 날 아침이었다. 어린이집에는 가고 싶은데 졸려서 피곤하다고 투정을 부리는 아이와 『에너지 버스』책 이야기를 했다.

"어린이집 가면 어떤 게 제일 즐거워?"

"친구들이랑 실뜨기하는 게 요즘 재밌어"

"오, 그래?"

"응, 선생님이 털실로 실뜨기하는 걸 알려 주셔서 요즘 엄청 재밌게 하고 있어"

"엄마도 어릴 때 많이 하던 놀이인데, 너무 재밌겠다. 오늘 실뜨기하고 와서 어땠는지 얘기해 줘. 궁금해."

"응, 알겠어"

아이는 이내 미소를 띠며 등원 준비를 했다. 매일 아침 즐거운 상상을 하며 아이와 기분 좋게 하루를 시작했으면 좋겠다.

『에너지 버스』그림책은 아이들의 시선으로 쉽게 메시지가 전달되는 책이다. 아이와 함께 기분과 에너지에 대한 이야기를 나눌 수 있는 책이다. 나쁜 에너지가 자신의 기분을 망치려 할 때, 용감하게 막을 힘이 있다는 그 메시지는 여전히 우리에게 힘이 되어 주는 메시지이다.

줄무늬가 생겼어요

"이 아이는 왜 줄무늬가 생긴 걸까?"

『줄무늬가 생겼어요』는 대형서점 그림책 판매대에 놓여있던 책 들 중 가장 눈에 띈 책이었다. 아이에게 질문했고, 그대로 우리는 서점 바닥에 털썩 주저앉아 호기심 가득한 대화를 나누었다.

주인공 카밀라는 얼굴과 몸에 온통 줄무늬가 있다. 입에는 체온계를 물고 있고 표정은 시무룩해 보였다. 카밀라의 표정을 보며 아이에게 질문을 던졌다.

"이 여자아이 표정이 어떤 것 같아?"

"음, 슬퍼 보여."

"맞아, 시무룩해서 슬퍼 보인다. 왜 그런 걸까?"

"이 줄무늬 때문 아닐까?"

주인공 카밀라의 표정과 화려한 줄무늬만 놓고도 많은 상상을 펼치며 대화를 나눌 수 있었다.

주인공 카밀라는 아욱콩을 좋아했지만 절대 먹지 않았다. 그 이유는 친구들이 모두 아욱콩을 싫어했기 때문이었다. 카밀라는 다른 사람들이 자기를 어떻게 생각하는지 언제나 신경을 쓰는 아이였다. 학교 가는 첫날 친구들에게 잘 보이기 위해 옷을 마흔두 번이나 갈아입었으나 결국 마음에 드는 옷을 고르지 못한 채 거울을 보고 소리를 지르고 만 적도 있었다.

그리고 표지 속 카밀라의 모습이 나왔다. 알록달록한 줄무늬에 체온계를 입에 물고 있는 슬픈 카밀라. 줄무늬는 다음날 더 끔찍해졌다. 무늬는 TV 채널 돌아가듯 별무늬가 되었다가 물방울무늬가 되기도 했다. 알약이 되었다가 바이러스가 되었다가 박테리아 곰팡이까지……. 카밀라는 사람들이 말하는 그 모습대로 변해 버렸다. 치료하면 할수록 카밀라의 모습은 점점 더 이상해져 갔다.

그때 상냥해 보이는 할머니가 현관문을 두드리며 등장했다. 카밀라를 도울 수 있을 것 같다고 말하는 할머니가 가방에서 꺼낸 것은 바로 아욱콩이었다. 카밀라는 사실 아욱콩을 너무 좋아한다고 고백한 뒤 한 움큼 콩을 집어 입에 넣었다. 놀랍게도 아욱콩을 먹은 뒤 카밀라는 원래의 모습으로 돌아왔다. 볼가득히 아욱콩을 먹으며 행복한 표정을 지었다.

아이보다 내가 더 좋아해서 여러 번 읽어 본 『줄무늬가 생겼어요』의 주인공 카밀라의 모습에서 또다시 나를 보았다. 외부의 시선에 갇혀 진짜 좋아하는 걸 하지 못한 채 살아온 시간들. 남들이 하는 것을 따랐고, 그 따름이 익숙해져 진짜 나를 찾기까지 얼마나 많은 시간을 돌고 돌았는지 모른다.

관계에서의 주도권을 나는 모두 넘겨주었다. 활발한 사람을 만나면 나도 활발해졌고, 조용한 사람을 만나면 나도 차분해졌다. 상대에게 맞추며 나는 내가 배려심이 많다고 착각했다. 그렇게 지내다 보니 어느 순간 내가 어떤 사람인지 나조차 헷갈렸다.

'나는 어떤 성격이고 내가 좋아하는 것은 무엇인가?'

이 책 뒷장에 '알고 보면 더욱 재미난 그림책'이라는 글이 나온다.

"이제 카밀라는 누가 뭐라든 아욱콩을 먹습니다. 줄무늬병 소동을 거치는 동안, 자기가 정말 바라는 일이 남의 시선보다 중요하다는 사실을 깨달았으니까요. 아이가 자신의 욕구를 명확히 알고 자연스럽게 표현할 수 있도록 도와주세요. 부모가 인내심을 가지고 아이의 마음을 살필 때, 아이는 행복한 삶을 사는 중심 잡힌 어른으로 커 나갈 것입니다."

내 아이들만큼은 욕구와 감각을 죽이고 싶지 않았다. 자신이 원하는 것, 자신이 좋아하는 것을 명확히 알고 기쁘게 그것들을 선택하며 살아가기를 바랐다. 바람대로 자신들의 언어로 당당히 요구하며 욕구를 표현하는 아이들로 성장하고 있다. 표현해 주는 아이들이 참 고맙다. 안전한 엄마이기에 마음껏 욕구를 표현할 수 있다는 것을 알기 때문이다. 아이들의 표현을 평온하게 바라보기 위해 나 역시 내 욕구를 잘 알아차리고 느끼며 채워 줄 것이다.

너만큼 소중한 나

더 잘하려고 하지 마세요

유튜브 알고리즘 추천 영상에 반가운 사람이 나왔다. 아동 심리 전문가 이임숙 소장님이다. 이임숙 소장님의 책을 좋아했는데, 특히 『엄마의 말공부』라는 책을 보며 아이들과 소통하기 위해 집 안 곳곳에 메모지를 붙여 도배해 놓고 중얼중얼 연습하던 노력이 떠올랐다.

반가운 마음에 얼른 클릭해 본 영상 제목은 「말로 해서 안 되는 아이 어떻게 하세요?」였다. 많은 어른들이 훈육의 의미를 '아이를 혼내다'라고 착각하기 쉽지만, 실제 훈육은 '가르친다'는 뜻이라고 한다. 이래라저래라 잔소리하며 아이에게 일방적으로 어른의 목소리를 높이는 것이 아닌 올바른 가치나 도덕을 깨닫게 하도록 하는 것이 훈육임을 알려 주었다.

영상에서 소개된 사연이다. 어린 시절 많이 맞고 자란 사람이 자신은 절대 아이를 혼내지 않고 키우는 엄마가 되겠다고 마음먹었지만, 화가 나면 눈앞이 하얘지고 자꾸만 아이에게 폭력을 쓰게 된다는 가슴 아픈 사연이었다.

아이에게 큰소리치며 때리고 싶은 부모가 어디 있겠는가. 스스로 감정 조절이 안 되다 보니 자신도 모르게 손이 올라가고 소리치며 눈에 불을 켜고 아이를 쳐다보고 있는 것 아닌가. 이임숙 소장님은 맞고 자란 본인의 학대 경험이 치유되지 않은 채 엄마가 되었기에 힘이 드는 것이라고 이야기했다. 잘하려는 마음과 육아 스트레스까지 더해져 자꾸 더 나빠질 수밖에 없는 심리상태일 것이라 말하며 다음과 같은 솔루션을 주었다.

"아이에게 당분간 더 잘하려고 노력하지 마세요."

사연부터 솔루션까지 가슴을 콕콕 찌르듯 아팠다. 느닷없이 아이를 키우며 상처를 마주한 나 역시 더 잘해야 한다고 스스로를 다그치기만 했다. 더 잘하려고 노력하지 않는 것이 스스로 용납되지 않아 매일 밤 다짐했다. '내일은 다시 잘해 보리라.' 그러나 치유되지 않은 채 잘하려고만 하는 마음이 잘하지 못하는 나를 자책하게 했고, 풀어지지 않는 감정 덩어리들을 어떻게 해결해야 할지 몰라 자주 막막했다. 언제 터질지 모르는 감정 폭탄을 안고 동동거리다 결국 아이에게로 폭탄이 터진 날이면, 자책감에 땅속으로 꺼지고만 싶은 심정이었다.

'내 아이들이 더 좋은 부모를 만났더라면…….'

더 나은 나, 더 좋은 내가 되지 못해 힘겨웠다. 그리고 화도 났다.

'얼마나 더 노력해야 하는 거야?'

돌아보면 조금이라도 나를 위해 행복하고 성취감을 느낄 수 있는 시간을 가졌더라면 덜 힘들지 않았을까 하는 아쉬움이 남는다.

엄마들에게 자신만을 위한 시간은 꼭 필요하다. 알차게 나를 위한 시간도 챙기고 짬짬이 내가 좋아하는 것도 해보자. 적어도 나처럼 감정의 분출구를 찾지 못해 아이들에게 쏟아붓고 자책하는 일은 줄어들 것이다.

소개된 사연의 주인공과 비슷한 일을 겪고 있거나, 나와 같은 시행착오를 겪고 있는 엄마들에게 감히 말하고 싶다.

"더 잘하려고 노력하지 말자"

나에게 선물하는 소확행

아이들과 24시간을 붙어 있다 보니 나만의 시간을 갖는다는 것은 쉽지 않았다. 우리 집 아이들은 둘 다 잠이 없는 편이어서 낮잠을 자는 날보다 안 자는 날이 더 많았다. 어쩌다 낮잠이라도 잔 날이면 그날의 취침은 한참 뒤로 미루어졌다. 아이가 낮잠 자는 날이면 나 역시 체력을 보충하기 위해 함께 옆에 누워 쉬거나 같이 낮잠을 잤다. 나의 모든 신체리듬이 아이에게 맞추어져 있었다.

할 엘로드의 저서 『미라클모닝』이라는 책이 엄청난 베스트셀러가 되면서 그야말로 미라클모닝의 열풍이 일었다. 심지어 어린아이를 키우는 엄마들이 자기 계발의 시간을 확보하기 위해 미라클모닝을 실천하는 것에 많이 놀랐다. 한 번은 아이 셋을 키우며 매일 새벽 3시 기상을 한다는 분에게 놀라운 마음으로 물어보았다.

"어떻게 아이들 셋을 키우면서 새벽 3시에 일어나세요?"

그녀는 새벽에 자기 시간을 갖고 나면 아이들에게 시간을 빼앗긴다는 생각 없이 하루를 살아가는 힘이 된다고 말했다.

나는 내 것을 다 내놓아야지 좋은 엄마라고 생각했다. 그래서 나의 욕구는 물론 나의 시간까지 아이들에게 다 내어 주었다. 그러다가 체력이 다하거나 감정적으로 한계에 다다른 날이면 여지없이 나도 모르게 아이들에게 '빽!' 소리를 지르며 화를 냈다. 좋은 엄마가 되기 위해 모든 걸 아이들에게 맞추어 놓고는 힘들 때면 그 감정의 찌꺼기를 아이들에게 배출하는 나의 모순에 내가 싫어질 때가 많았다.

자신의 모든 것을 내어 주는 희생하는 '엄마'로 살지 말자고 이야기하고 싶다. 새벽 3시에 기상하지는 못할지라도 아이들과 내 삶의 균형을 잘 잡으며 야무지게 자신의 시간을 확보하자.

나는 아이들에게 미안하지 않도록 희생한다는 명목으로 힘든 감정을 속으로 켜켜이 쌓았다가 폭발하는 악순환을 반복했다. 어쩌다 한 번씩 주어진 나만의 시간도 온전히 만끽하지 못하며 그 시간조차도 아이들을 걱정하는 엄마였다. 질보다는 양으로 무식하게 들이댔던 초보 엄마의 시행착오였다.

나에게 선물하는 소확행은 정말 중요하다. 소소하지만 확실한 행복. 내가 내게 주는 보상. 물질적인 선물이든 자유로운 시간이든, 내가 하고 싶은 그것을 소박하게나마 누리는 것이다.

- 나를 위한 맛있는 음식 먹기.
- 갖고 싶었던 것 내가 나에게 선물하기.
- 잠시 잠깐 시간을 내어 좋아하는 카페에서 책 읽기.
- 보고 싶은 영화 혼자 보기.
- 좋아하는 친구 만나기.

"행복이란 강도가 아닌 빈도"라는 말이 있다. 나는 아이를 키우며 내 행복은 잠시 미뤄 두어야 하는 줄 알았다. 그래야만 내 아이들이 잘 크는 것으로 생각했다. 내 행복은 늘 미래의 상상 속에 있었다. 그러나 그것은 잘못된 생각이었다. 빈도가 높은 행복을 찾으려면 나의 일상 중 소소한 것들에서부터 행복감을 느끼는 연습을 해야 한다. 소소하지만 확실한 행복의 순간이 쌓여 내 삶에 만족감이 이루어질 때, 다시 엄마로서 해야 할 역할에 충실할 힘이 생기는 것이었다.

다른 엄마들과 이야기를 나눌 때마다 전업주부든 워킹맘이든 아이에게 주지 못하는 미안함을 안고 살아가는 공통점이 있다는 것을 느꼈다. 지나친 '죄책감'은 우리의 삶에 전혀 도움을 주지 못한다. 우리가 선택한 상황에서 우리는 할 수 있는 최선을 다하고 있지 않은가. 그런데 엄마들은 왜 늘 죄인이 되어야 하는 걸까?

어린 나는 고된 나의 엄마를 보며 미안한 마음을 자주 떠올렸다.

'나를 키우느라 엄마가 저렇게 힘들구나.'

'우리 삶은 왜 이렇게 힘든 걸까?'

'나마저도 엄마를 힘들게 해선 안 돼.'

엄마는 늘 내게 해 주지 못한 것이 많아 미안하다고 했다. 엄마는 혼자서 최선을 다해 우리를 키웠는데도 말이다. 나는 이제 더 이상 내 엄마도 나도 아이들에게 미안한 마음을 갖지 않길 바랐다.

엄마들이 조금 더 행복하고 편안한 자신을 선택했으면 좋겠다. 주지 못한 미안함이 아닌, 줄 수 있는 것에 최선을 다한 자신을 칭찬할 수 있기를……. 지금 당장 양팔을 벌려 나 자신을 토닥여 주자. 아주 작지만 확실한 행복을 누리며 살아갈 자격이 우리에겐 있다. 행복하게 살아가는 엄마의 뒷모습을 보며 내 아이들이 자란다.

좋아하는 것으로 채우는 하루

"그건 너답지 않아."

"나다운 게 대체 뭔데?"

드라마에서 자주 나오는 흔한 대사다. 나는 이 대화가 나올 때면 생각했다. 나답다는 건 뭘까?

오랜 시간 나를 외향적인 사람이라고 생각했다. 사람 만나는 걸 좋아하고 혼자 있는 시간을 어려워했던 탓에 집에 있는 것보다는 밖에서 활발하게 움직이는 사람이었다. (그때는 내가 외로워서인 줄은 몰랐다.) 큰아이를 출산하고 2시간마다 깨는 아이에게 젖병을 물리며 아이와 단둘이 깨어 있는 고요한 시간이 정말이지 불편했다. 허전함을 채우기 위해 누군가와 계속 통화하려 했고, TV 소리라도 들려야 안정감을 느꼈다.

이 모든 것이 내 안에 깊게 자리 잡은 '외로움' 때문이라는 것을 깨달은 뒤, 아이를 키우며 나는 의도적으로 사람들과의 만남을 줄였다. 누군가에게 의지하지 않고 이 감정을 온전히 느껴 보기, 전화하고 싶고 털어놓고 싶고 기대고 싶은 그 마음을 놓아 버리기, 불편한 감정이 느껴져 휘둘리거나 회피하는 것이 아닌 내 마음을 마주하려 했다.

그렇게 외로움과 대면하며 아이와의 시간에 점차 익숙해지며 혼자 있는 시간도 익숙해졌다. 그리고 지금은 혼자 있는 시간이 너무나 편한 내가 되었다. 혼자 쇼핑하기, 혼자 카페 가기, 혼자 집에 있기. 북적이는 사람들 틈에만 있던 내가 어느새 혼자 있음에 익숙해졌고 혼자 있는 고요함을 즐기며 안정감을 느낄 줄도 알게 되었다.

자신이 무엇을 좋아하는지 명확히 아는 사람들이 신기했다. "난 이거 좋아해."라고 분명히 표현하는 모습이 부러웠다. '난 왜 이래도 괜찮고 저래도 괜찮지?' '난 왜 이것도 좋고 저것도 좋지?' 둥글둥글한 성격이라고만 생각했는데, 사실 내가 뭘 좋아하고 뭘 하고 싶은지 정확히 잘 몰랐다. 한마디로 내가 '나'에 대해 전혀 모르고 있었다.

한동안 주위 사람들에게 자주 묻던 질문이 있었다.

"네가 생각하는 나는 어때?"

오그라드는 이 질문을 나는 진심으로 궁금해서 물었다. 지금 생각해 보면 그것을 왜 상대에게 물었는지 안타깝지만, 그때의 나는 사람들이 보는 나는 어떤 사람인지, 사람들은 나를 어떻게 생각하는지 알고 싶었다. 내가 나를 몰랐기에 사람들의 입을 통해서라도 나를 알고 싶었다.

진짜 나를 알고 싶었다. 내가 진짜 어떤 사람인지 서른 살이 넘어서야 궁금해졌다. 진심으로 나를 탐구하고 싶어졌다. 외부의 시선이 아닌 있는 그대로의 내가 뭘 좋아하고 뭘 잘하는지 알고 싶었다. 그 탐구 과정에서 나는 하나하나 내가 좋아하는 것을 알아 가며 내가 좋아하는 것으로 채우는 하루를 보내야겠다고 다짐했다. 그 누구도 아닌 나를 위해.

그렇게 물렁물렁했던 내가 인간관계 다이어트까지 결심한 것이다. 집에 돌아오면 찜찜함과 후회를 주던 만남과 부정적인 이야기를 하는 관계부터 마음을 차단했다. 그 시간을 혼자의 시간으로 채우며 내가 하고 싶은 일을 했다. 진짜 내가 잘할 수 있는 것과 하고 싶은 것이 무엇인지 내 안의 소리에 집중했다. 누구의 눈치도 보지 않으며 말이다.

내가 좋아하는 것과 잘하는 것이 무엇인지 궁금했고, 어렵게 선택했기에 단단히 마음먹고 실천할 수 있었다. 아이들 등교 후 혼자 주어진 시간, 내가 좋아하는 일들을 하나둘 하기 시작했다.

카페에서 조용히 책 읽기, 서점 가기, 혼자 쇼핑하기, 혼자 밥 먹기 등등 작은 것들부터 실천해 보며 내가 좋아하는 일들을 천천히 알아 갔다.

그렇게 나를 알아 가는 시간이 차츰 쌓이다 보니 인간 관계에서도 내가 좋아하는 기준이 생겼다. 그 사람과 시간을 보낸 후 기분 좋은 에너지가 쭉 연결될 때, 만남 뒤 집에 돌아와서까지 기분이 좋을 때 그 만남이 나에게 긍정적인 영향을 준다는 것을 알 수 있었다. 그렇게 하나둘 아이처럼 경험하고, 가지치기하며 천천히 나는 나를 배웠다.

나는 조용하기도 하고, 나를 표현하기를 좋아하기도 한다. 서점에서 책 보는 것을 좋아하기도 하고, 노래방에 가 노래 부르는 것도 좋아한다. 깊이 있는 대화 나누는 것을 좋아하고, 시끌벅적한 곳에서 쇼핑하는 것 또한 좋아한다. 나는 감성이 풍부한 사람이고, 울기도 웃기도 잘하는 사람이다. 내가 좋아하는 음식, 좋아하는 색, 내가 좋아하는 사람, 내가 좋아하는 것들을 알아 가는 시간이 너무 재미있고, 내가 좋아하지 않는 것들을 거절하고 차단하면서 자연스럽게 나 자신을 사랑하는 힘이 생기는 것을 느꼈다.

진짜 나를 알게 되고 나를 인정하게 되자, 내가 좋아하는 많은 것들로 하루를 채우게 되었다. 물렁물렁하고 이리저리 잘도 휩쓸리던 내가 어느새 단단하게 채워져 있었다.

'진짜 나'를 사랑하고 싶다면 외부의 시선을 내 안으로 돌리고 나에게 집중하자. 좋아하는 것을 선택하고 좋아하는 것으로 채우는 하루를 내게 선물해 주자.

슈퍼우먼 때려치우기

어쩌면 나는 슈퍼우먼이 되고 싶었나 보다. 아이들에게는 사랑을 듬뿍 주는 바다 같은 엄마가 되고 싶었다. 남편에게는 편안하고 언제든 고민을 함께 나누며 대화할 수 있는 온화한 아내가 되고 싶었다. 육아와 살림 모두 내 마음에 차도록 뚝딱 해내는 슈퍼우먼처럼 말이다.

안타깝게도 바람과 달리 결혼 후부터 나는 나에게 주어진 역할들을 소화하느라 헉헉 숨이 찼고 허둥댔다. 초보가 서툰 것은 당연한데, 그런 내 모습에 점점 자신감을 잃어 갔다. '난 왜 이것밖에 안 될까?' '난 왜 이거 하나 제대로 못할까?' 상상 속 완벽한 나의 모습을 붙들고 현실 속 나와 비교하며 채찍했다. 노력하라고 좀 더 참고 견디라고, 그렇게 모든 집중이 나의 '부족함'에 맞추어져 있었다.

성공한 사람들은 새벽 기상을 한다기에 나도 미라클모닝에

도전해 보았다. 매번 실패의 쓴맛을 느꼈던 새벽 기상을 성공한 날, 알차게 새벽을 보내 놓고, 낮잠을 늘어지게 자고 일어나 버렸다. 푹 자고 일어난 허무함에 남편에게 말했다. "여보, 이렇게 낮잠 자면 새벽 기상이 의미가 있나?" 구시렁대는 나에게 "졸리면 자는 거지"라고 대답하는 남편. 무기력함에 찌든 어느 날은 밀가루 반죽처럼 마룻바닥에 늘어져서 "오빠, 나 지금 아무것도 하기 싫으다." 하고 말했더니 "아무것도 하지 말고 쉬어."라고 흔쾌히 답한다.

"아, 배고픈데 지금 먹으면 살찌겠지?" 바쁘게 하루를 보내고 아이들이 잠든 후 늦은 밤 출출해서 남편에게 또 물었더니 "먹고 싶으면 그냥 맛있게 먹어"라고 말하는 것이었다. 남편의 툭툭 내뱉는 말이 참 힘이 되고 안정감을 주었다. 동시에 저렇게 단순한 것을 왜 나는 나의 욕구를 인정하며 쿨하게 넘어가는 게 어려운 것인지 자신에게 질문도 해 보았다.

여러 마리 토끼를 잡고 싶은데 본격 사냥은커녕 한 마리라도 놓치면 어쩌나 걱정되고 두려움 가득한 모습이었다. 어느 날 문득 그런 내가 참 가엽게 느껴졌다. 끊임없이 나를 부족하다 다그치는 사람이 그 누구도 아닌 나였음을 깨닫는 순간 눈물이 났다.

아이들에게는 그렇게 술술 나오던 칭찬의 소리가 나 자신

너만큼 소중한 나

에게는 왜 그리 야박한 건지……. 가엽게 움츠리고 있는 내 안의 작은 나를 안아 주고 싶었다.

'지금도 너무 잘하고 있어. 그렇다는 걸 내가 잘 알아. 조급해하지 말자. 천천히 가도 괜찮아.'

그렇게 나에게 너그러워지기로 작정한 날, 나는 되지도 않는 슈퍼우먼을 때려치우기로 했다. 결심하고 보니 누구도 나에게 슈퍼우먼을 바란 적이 없었다. 내가 가지고 있는 장점은 보지 않고 부족한 점만 바라보던 습관을 던져버려야겠다고 생각했다. '지금 있는 그대로의 나'로 온전하다고 충분하다고 나 자신에게 이야기해 주어야겠다고 결심하고는 수첩을 꺼냈다. 수첩에 하나하나 나의 장점을 적어 내려가 보았다.

나의 장점 1. 키가 크다(내 키는 170센티미터이다). 2. 사람들의 말에 공감을 잘한다. 3. 다정하다. 4. 친절하다……. 그렇게 쭉 나의 장점을 써 보았다. 쥐어짜듯이 나의 외모부터 나의 성격 하나하나까지 적어 내려갔다. 유치하게 느껴졌지만 그렇게 쓴 글들을 읽어 가다 보니 그제야 내가 꽤 장점이 많은 사람이라는 것을 알게 되었다. 들여다보지 못했던 나의 긍정적인 부분들을 노트 위에 적어 가며 구체화해 보니, 나도 꽤 괜찮은 사람이었다.

들뜬 화장은 내 눈에만 도드라져 보일 뿐 상대방의 눈에는 잘 보이지 않는다. 내 얼굴을 거울 가까이 들여다보는 사람은 나밖에 없기 때문 아닐까. 부족한 점에만 돋보기를 들이대 바라보았을 때는 내가 가진 장점을 보기가 어렵다.

슈퍼우먼을 때려치우기로 마음먹고 나니 이미 잘하고 있던 나를 발견할 수 있었다. 너무 많은 것들을 잘하려 할 때는 보이지 않던 것들이 보였다.

오늘부터 자신의 장점을 써 보자. 장점을 찾으며 자신의 구석구석에 대해 생각하는 시간을 선물 받자. 자신이 가지고 있는 것에 집중하고, 지금의 제 모습을 바라보고 다독이자. 오지 않은 미래가 아닌 지금, 이 순간을 살자. 지금 이 모습 그대로 충분하다.

너만큼 소중한 나

쓰지 않을 이유가 없는 '감사 일기'

'감사할 일이 뭐 있겠어, 내 하루가 거기서 거기지 뭐.'

감사 일기를 쓰면 정말 무언가 달라질까? 반신반의했던 마음이었다. '감사'는 내게 아주 큰 행운이 일어날 때 올라오는 마음인 줄 알았다.

정확히 기억나진 않지만, 언젠가부터 나는 '감사 일기'를 쓰는 것이 좋다는 것을 알게 되었다. 아마 새해 첫 계획을 짜던 때였던 것 같다. 다이어리 맨 앞장에 새해 큰 목표 세 가지를 적었다. 그날 어쩐 일인지 '매일 감사 일기 쓰기'를 세 가지 목표 중 한 가지로 정했다.

감사 일기를 매일 쓰기 시작하면서부터 지나온 하루를 필름처럼 되돌리며 돌아보게 되었다. 아주 작은 것부터 감사함을 적어보자고 기준을 낮게 잡고 나니 감사할 일들이 하루 안에서도 넘쳐났다.

"오늘 맛있는 저녁을 먹을 수 있음에 감사합니다. 덕분에 건강하게 영양분 섭취를 하였습니다."

단순한 감사를 적어 내려가는 날이 한 달 두 달 쌓이다 보니 나의 존재에까지 감사함이 이르렀다.

"오늘도 살아있음에, 숨을 쉴 수 있음에 감사합니다."

"오늘 나에게 주어진 하루도 감사합니다."

"내 곁에 살아 숨 쉬는 아이들의 존재에 감사합니다."

존재에 대한 감사를 적을 때마다 내 가슴 깊은 곳에서 뜨거운 무언가가 전해졌다. 너무나 당연해 의식조차 하지 못했던 내 곁에 있는 사람들과 살아 숨 쉬는 나의 존재 그 자체. 계속해서 감사함을 찾다 보니 감사하지 않을 것들이 없었다.

코로 들이마시고 뱉어 내는 숨, 내 마음대로 자유롭게 움직이는 팔과 다리, 건강한 나의 몸이 얼마나 기적인지 몰랐다. 푸른 하늘과 공기, 땅, 집, 자연에까지 감사함이 뻗어 나아갔다.

그렇게 꾸준히 매일 감사 일기를 쓰면서 작은 것에 감사하는 마음이 생겼고, 존재하는 모든 것들에 대한 기적을 깨닫게 되었다. 하루를 마감하며 감사 일기를 적기 위해 하루를 들여다보고 차분히 되새기는 시간도 나를 평온하게 해 주었다. 널뛰기하는 감정을 컨트롤하지 못했던 날들처럼 마음이 힘들거나 괴로운 날일수록 감사의 힘은 더 크게 나를 일으켰다. 불편한 감정들로부터 내가 어떠한 것을 알게 되었는지, 또 어떻게 나의 내면을 들여다보게 되었는지 나를 돌아볼 수 있는 시간이 되어 주었다.

처음에는 정말 단순하게 여겼던 세 가지 감사 일기를 쓰는 일이 나의 감정과 삶을 대하는 시각까지 바꾸어 놓았다. 불평불만투성이, 가지지 못한 것만 떠올리며 원망하던 나날들, 나를 무가치하게 여겼던 나날들, 희망이 보이지 않아 좌절했던 날들, 그동안의 나의 감정과 삶을 대하는 방식들이 자연스럽게 감사라는 거대한 마음 안으로 사라져 버렸다.

감사 일기를 쓰면서 나에게 좋은 일들도 많이 일어났다. 작게는 이벤트 응모 당첨부터 크게는 귀인을 만나는 일들까지 감사에 초점을 맞추자 마치 온 우주가 나에게 좋은 것들을 마구 선물해 주는 기분이 들었다.

"감사와 두려움은 동시에 존재할 수 없으므로, 감사가 많아질수록 두려움은 약해지고 두려움을 초래하는 일들을 덜 끌어들이게 된다."
• 널르 C. 넬슨·지니 르메어 칼라바, 『감사의 힘』 중에서

감사의 힘은 정말이지 놀라웠다. 의도적으로 애써 감사할 거리를 찾던 시작과 달리, 점점 감사할 거리가 늘어났고 감사

하지 않은 것들을 찾기 어려울 정도로 충만한 하루하루를 보내게 되었다. 감사 일기, 써 보지 않을 이유가 없지 않은가?

너만큼 소중한 나

전투 육아의 터널을 지나

인터넷에 접속하면 처음으로 클릭하던 '리빙 코너.'

남들은 어떤 집에서 어떻게 꾸며 놓고 살림을 하는지 구경하는 게 일상일 때가 있었다. 날마다 시간 가는 줄 모르고 쳐다보고 있으면 예쁘게 꾸며 놓고 사는 엄마들의 센스에 감탄하기도 하고, 한편으로는 아이들을 키우며 어찌 저렇게 깔끔함이 유지될지 의문이 들기도 했다.

리빙 코너를 보는 것이 재밌었지만 상대적으로 너저분하고 예쁘지 않은 우리 집과 자꾸 비교하는 마음이 올라왔다. 내가 사는 집이 형편없고 초라하게 느껴질 때도 많았다.

아이들은 하루에도 여러 번 흘리고 어지른다. 너저분하게 어질러진 집과 끝이 보이기 않던 초보 엄마의 육아와 살림. 새벽이 되어서야 아이들이 잠들고 나면 무사히 하루 일을 마치고 퇴근했다는 생각에 온몸의 기운이 쫙 빠졌다.

쓸고 닦아도 또다시 어지르며 노는 아이들에게 더 이상 찡그린 얼굴로 잔소리하지 않겠다고 다짐하길 반복하던 어느 날 나는 아이들에게 그렇게 안 된다고 이야기하던 벽 낙서를 허용해 주었다.

아이들과 함께 그림 그리고 놀이하며 만들었던 작품들도 원하는 만큼 마구 벽에 붙여 놓았다. 벽마다 빼곡히 붙여 놓은 것을 보며 뿌듯해하던 아이들의 표정을 잊을 수 없다. 또 전시회를 하자고 이것저것 만들고 오리던 아이들. 어느새 빈 벽을 찾아볼 수 없을 정도로 우리 집은 알록달록 물들어갔다.

한글 떼기 놀이를 할 때도 흰 벽은 포기했다. 아이들이 온 집 안에 글자 카드를 붙이며 자유롭게 놀게 하였다. 깔끔하고 예쁜 집을 내려놓고 조금 너저분해도 편하고 행복한 집을 선택하기로 마음먹었다.

대리만족하면서 보던 리빙 코너는 비교의식에 사로잡히게 했으므로 나는 과감히 인터넷 메인에서 리빙 카테고리를 삭제했다.

비교는 내가 가진 것보다 가지지 못한 것에 집중하도록 해서 마음의 평화를 갉아먹는다. 가뜩이나 에너지가 많이 필요한 유년기 육아에서는 특히 불필요한 곳에 소중한 나의 에너지를 빼앗기고 있지 않은지 알아차려야 한다. 비교의 마음이 올라올 땐 과감하게 눈을 감고 귀를 막는 방법도 도움이 된다.

한 해가 끝나고 새해가 올 때마다 내 나이보다 아이들 나이에 깜짝깜짝 놀랐다.

"와, 벌써 울 애기가 4살이나 됐쩌?"

"어느새 8살 형아가 됐네."

하루하루는 더딘 것 같았는데 1년 2년은 빠르게 지나갔다. 그렇게 둘째 아이까지 초등학생이 되었고, 우리 아이들의 길고도 짧은 유년기는 끝이 났다. 돌아보면 유년기 육아는 그야말로 전투육아였다.

내가 감히 전투육아였다 말할 수 있는 것은 나의 시간과 시선을 모두 아이들에게 쏟아부었기 때문이다. 열심히 한 만큼 잘 되지 않아 실수도 많이 했다.

그럼에도 최선을 다할 수 있었던 것은 아이들 인생에서 유년기라는 시간의 유한함을 계속 자각했기 때문이다.

이제 11살과 9살이 된 아이들은 스스로 어질러진 것을 정리하고, 엄마와 함께 청소도 할 줄 아는 어린이가 되었다. 엄마가 바쁠 때는 두 녀석이 주방에서 뚝딱뚝딱 식사를 준비해 먹고 뒷정리까지 말끔히 한다.

시간이 흐르고 나는, 삭시만 나만의 공간을 만들어 테이블도 놓았다. 아이들이 등교하면 그 공간에서 조용히 커피 마시며 책 읽기, 글쓰기 등 내가 하고 싶었던 것들로 시간을 채우며 보냈다. 그동안 그렇게 하고 싶었던 깔끔하게 살림하는 나의 모습들을 담는 「주부탐구생활TV」 유튜브 채널도 운영하게 되었다.

앞이 보이지 않는 캄캄한 터널 같은 유년기 육아 중인 엄마들이 이 글을 본다면 하고 싶은 이야기가 있다.

혹시 힘들고 끝이 보이지 않는 육아에 지쳐 있다면 힘들고 잘 되지 않는 것이 당연하다고, 화도 나고 아이들이 건드리는 많은 감정을 통과한 뒤에야 비로소 편안함을 찾을 수 있다고 말이다. 그럼에도 오로지 엄마에게 의지해 살아가는 작은 존재들. 애기 목소리, 애기 냄새, 작은 손과 발, 숨소리를 마음껏 느낄 수 있는 다시 오지 않을 시간을 보내기 바란다고 말이다.

오늘도 수십 번 엄마를 부르고 나의 있는 그대로를 사랑해주는 작은 내 아이를 눈에 담자. 그리고 꼭 안아 주자.

아이와 함께하는 치유의 길

나는 우물 안 개구리였다. 나는 7살 때부터 줄곧 한동네에 살고 있다. 내가 크는 동안 몇 번의 이사를 하긴 했지만 같은 동네를 벗어난 적은 없었다.

거기서 나는 초등학교, 중학교, 고등학교까지 12년이라는 시간을 보냈고, 그 옆 동네에 살던 남편을 만나 그곳에 살림을 차렸다. 그리고 그 집에 10년째 살고 있다.

나를 제외한 친정 식구들은 깔끔하고 단정하다. 지금도 친정에 가서 엄마의 옷장 서랍을 열면 옷들이 모두 각 잡혀 정돈 되어 있고, 친오빠의 방도 늘 물건들이 제자리에 정돈되어 있다.

퇴근하고 돌아온 엄마가 냉장고를 청소한다. 아무 말도 하지 않았지만 엄마에게 무언가 속상한 일이 있다는 것을 어린 나는 알 수 있었다. 묵묵히 방을 닦는 엄마의 모습, 화장실을 청소하고 부엌을 닦아 내는 엄마의 뒷모습이 지금도 생생하다.

깔끔한 가족들 틈에서 유독 게으르고 지저분하다는 잔소리를 듣던 나는 '하얀 백조들 사이에 낀 지저분하고 게으른 미운 오리새끼'였다.

아이를 키우면서 어질러진 집 안 꼴을 보고 있을 때면 갑갑한 마음이 들었다. 놀이를 마음껏 허용해 주다가도 정리 시간만 되면 짜증이 났다. 오만가지 감정들이 쏟아지는 청소 시간이었고, 그때마다 나는 알 수 없이 욱하고 폭발하는 감정들을 어떻게 해결해야 할지 몰랐다.

'청소 시간'은 내게 늘 고단한 엄마의 뒷모습을 떠오르게 했으며 게으르고 지저분한 미운오리의 상처가 여지없이 건드려지는 시간이었다.

'나는 왜 잘 놀고 나서 한숨이 나오고 짜증이 나지?'

'나는 왜 어질러진 집을 가만히 보지 못할까?'

스스로 질문하면서 아이의 어떤 행동이 불편한지 아이의 어떤 말에 화가 나는지 끈질기게 나의 감정 패턴에 귀 기울였고, 불편함을 느끼는 감정들을 매일 써 내려가며 끊임없이 나와 대화하는 시간을 가졌다.

너만큼 소중한 나

가수 이적의 어머니로 알려진 여성학자 박혜란 선생님의 책에서 본 구절이 인상 깊었다. 평소에 집 청소를 안 해 먼지가 뭉쳐서 굴러다니면 그때서야 휴지를 한 장 뽑아 먼지를 치웠다는 이야기. 어질러도 되는 만만한 집으로 소문이 나서 동네 아이들이 항상 놀러 왔고 하루 종일 아들들과 총싸움을 하며 놀았다는 글이었다.

깔끔한 집을 유지하며 아이들의 자유로운 놀이 허용을 동시에 충족시키려고 애쓰던 나는 그 글을 읽고 깨끗한 집을 내려놓기로 했다.

아이를 키우면서 내 아이들만큼은 나와 다르게 넓은 시야를 가지고 경험하며 꿈을 펼칠 수 있었으면 좋겠다는 소망을 키웠다.

엄마가 아이를 대하는 허용범위가 넓으면, 아이들은 잠재된 많은 것들을 자유롭게 펼칠 수 있다. 매년 해외여행을 하는 환경을 주진 못했지만, 아이들과 놀 때만큼은 자유로움을 선물해 주고 싶었다.

나와는 완전히 다른 유전자로 틀과 형식에 얽매이지 않는 자유로운 영혼들로 커 주길 바랐다. 그리고 그럴 수 있을 거라 확신했다.

아이들은 시도 때도 없이 나의 내면을 비춰 준다.

'엄마, 나를 통해 용기 내어 엄마의 상처를 보세요. 나를 통해 엄마 마음의 치유를 선택하세요. 엄마의 성장을 응원할게요.'

그럴 때마다 꼭꼭 숨겨두었던 나의 깊은 감정들을 보고 내 안의 상처를 대면했다.

주체할 수 없는 감정에 휘둘릴 때면 내 상처를 고스란히 아이에게 물려주지 않을까 두려워 방문을 닫고 혼자 꺽꺽 울던 날도 셀 수 없이 많았다. 어떤 날은 너무 화가 나 노트가 찢어질 듯 휘갈기며 화를 표출한 날도 있었고, 컴퓨터 자판을 두드리며 감정을 토해내던 날도 많았다. 슬프고 가엾고 아프고 분노한 그 감정들을 피하지 않고 모두 마주하며 풀어나갔다.

육아는 나조차도 모르고 있던 가슴 깊이 묻어둔 내면의 상처를 치유할 수 있도록 주어진 기회다. 티 없이 맑고 투명한 아이들은 망각하고 감싸 두었던 어린 날의 내 상처에 빨간약을 발라 줄 수 있도록 안내했다. 그 빨간약이 스며든 뒤에야 비로소 잠든 아이들을 바라보며 나는 왜 이렇게 예쁜 아이들에게 순간순간 마녀 같은 엄마가 될까 가슴 치던 자책을 멈출 수 있었다.

자책하지 않는 것만으로도 나는 많은 것들에서 해방감을

느꼈다. 내가 미친 게 아닐까? 의심하며 보낸 시간들이 지나고 보니 상처를 마주하고 치유할 수 있는 축복의 순간임을 깨달았다.

자각만으로도 우리는 불편한 감정들을 흘려보낼 수 있다. 나 역시 감정을 풀어낼수록 아이들을 대하는 게 편해지는 걸 느낀다. 그렇게 두렵고 불안했고 자책했던 감정과의 이별을 통해 가슴 깊은 곳에서 올라오던 아이들을 향한 통제 욕구가 서서히 잦아들고 있다.

오늘도 아이의 말과 행동으로 인해 가슴 깊은 곳에서부터 용암처럼 뜨거운 것이 올라왔다면, 참지 못하고 빽~ 소리를 지르게 되었다면, 심호흡을 한 뒤 내 감정을 들여다보자.

내가 왜 이렇게 화가 나는 것인지 조용히 내 안에 집중하자. 나의 감정을 자각하는 그 순간부터가 치유의 시작이다. 나를 이해하고 나의 감정을 이해하고 불편한 것들을 놓아버리기 위해 우리 아이들은 기꺼이 엄마를 위한 치유의 영혼이 되어 준다. 아이가 준 기회를 놓치지 말자. 힘든 그 순간에서부터 성장과 치유의 시간은 시작될 것이다.

나를 찾고 꿈을 이루다

"그럼 엄마는 꿈이 뭐야?"

"엄마? 음, 글쎄……."

순수하게 묻는 아이의 질문에 나는 말문이 막혔다. 내 꿈은 뭘까? 선뜻 대답하지 못하는 나에게 둘째 아이가 묻는다.

"그럼 엄마 어렸을 때는 꿈이 뭐였어?"

"음, 엄마는 선생님도 되고 싶었고, 피아니스트도 되고 싶었어. 세계일주도 하고 싶었지."

대답을 하고 나서 나는 추억에 젖어 어린 시절을 회상한다. 서른 살이 넘으면 멋진 커리어 우먼이 되어 전 세계를 여행하며 살 거라고 믿었던 그때의 내 꿈을.

그리고 이루어지지 않은 꿈과 현실 사이의 간격을 마주하고 알 수 없는 오묘한 감정을 느꼈다. 그 많던 꿈은 다 어디로 사라져 버린 걸까?

육아에 몰입하는 시간 동안 잠시 외면했던 '나'를 찾아야겠다고 다짐했다. 그리고 아이를 키우면서도 수없이 내 삶에 대해 고민했다. 내가 할 수 있는 일, 내가 하고 싶은 일, 내가 잘하는 일은 뭘까? 수년 동안 고민한 끝에 나는 그것을 찾았다.
평범한 엄마의 책 육아 도전기와 육아를 통해 만난 나의 내면아이 이야기를 글로 쓰고 싶다는 것을.

육아서를 읽으며 죄책감을 느낄 때도 많았다. 몰라서 안 되는 게 아니다. 알면서도 안 되는 게 육아다. 좋은 엄마가 되고 싶었던 내가 좋은 엄마가 되지 못해 느끼던 죄책감을 놓아버리기까지 얼마나 많은 과정이 있었는지. 그리고 그것을 놓아버리며 나라는 엄마도 충분히 괜찮은 엄마임을 알고 얼마나 가슴을 쓸며 다행이라 느꼈는지 모른다.

원고수정 작업을 한창 하고 있는데 딸아이가 내 옆에 앉아 내 글을 한참 쳐다본다. 자신이 만든 타임머신 이야기가 담긴 글을 조용히 읽더니 눈시울이 붉어져 내게 말한다,
"엄마, 중학교 때 정말 이렇게 생각했었어? 엄마가 얼마나 잘하는 게 많은데……."

그렇게 아이는 나를 토닥토닥 안아 주었다. 작디작았던 품 안의 아이가 내 글을 읽고 공감하고 위로도 할 줄 아는 아이로 훌쩍 자라 주었다니, 한참 동안 마음이 뭉클했다.

이제 나는 육아가 어렵지 않다. 아이들과 나는 서로를 무한 신뢰하는 끈끈한 관계가 되었다. 육아를 통해 나를 탐구하면서 잃어버렸던 나와 내 행복을 찾았듯 내 아이들도 행복을 찾아 자신의 삶을 살아갈 것이라는 믿음이 있기 때문이다.

해야 할 일을 미루고 미루다 자기 직전 졸린 눈을 비비며 억지로 할 때, 하기 싫고 짜증 나는 경험을 해 본 아이들은 아침에 일어나 스스로 해야 할 일들을 먼저 한다. 오늘 할 일을 마치고 하루 종일 노는 것이 마음 편하다는 것을 경험으로 깨달았다고 내게 이야기했다.

자신이 정한 규칙과 엄마를 무한 신뢰하는 큰아이, 그리고 하고 싶은 것도, 잘하고 싶은 것도 많은 둘째 아이. 내가 수많은 시행착오와 실패를 통해 알아갔듯이 아이들도 그렇게 시행착오와 실패의 경험을 하며 자신들의 삶을 알아갈 것이라 믿는다. 나는 지금처럼 아이들을 기다려 주고 귀 기울여 주고 공감해 주며 언제든 비빌 수 있는 언덕이 되는 엄마이고 싶다.

오랫동안 품었던 꿈을 이룬 나에게 칭찬의 마음과 함께, 여전히 좋은 엄마가 되고자 애쓰는 이 글을 읽는 당신에게 이 말을 전하고 싶다.

아이에게 조건 없는 사랑을 주기 위해서 자신 먼저 조건 없이 사랑해야 한다는 것을, 너그러운 엄마가 되길 원하는 만큼 자신에게도 너그러워지기를, 육아라는 축복의 시간을 통해 나를 알아 가며 사랑하게 되는 성장의 시간을 놓치지 않기를, 그리고 마지막으로 지금 모습 그대로 충분하다는 것을 알아차리기를 소망하며 이 글을 마친다.

좋은 엄마 말고 나란 엄마

초판 1쇄 인쇄 | 2021년 3월 10일
초판 1쇄 발행 | 2021년 3월 15일

지은이 | 김하나
펴낸이 | 정성진
펴낸곳 | 도서출판 천문장

전화 | 031-913-0650
팩스 | 02-6455-0285
이메일 | 1000sentences@gmail.com

ISBN 979-11-90872-10-2 (13190)

- 값은 뒤표지에 있습니다.
- 파본은 구입하신 서점에서 교환해드립니다.